Shuwasystem Visual Text Book

図解入門

現場で役立つ 管工事の基本と実際

原 英嗣
西川 豊宏 監修

秀和システム

●**注意**
(1) 本書は著者が独自に調査した結果を出版したものです。
(2) 本書は内容について万全を期して作成いたしましたが、万一、ご不審な点や誤り、記載漏れなどお気付きの点がありましたら、出版元まで書面にてご連絡ください。
(3) 本書の内容に関して運用した結果の影響については、上記(2)項にかかわらず責任を負いかねます。あらかじめご了承ください。
(4) 本書の全部または一部について、出版元から文書による承諾を得ずに複製することは禁じられています。
(5) 商標
　　本書に記載されている会社名、商品名などは一般に各社の商標または登録商標です。

建築設備施工の鍵を握る「管工事」

　建築設備には、給排水衛生設備、空気調和設備、電気設備があり、建物の機能を維持するために欠かせません。さらに、建物のLCC（ライフサイクルコスト）や、近年、関心が高まっている建物の省エネ性、省CO_2にも多大な影響を与えることから、その重要性はますます高まっています。

　建築設備は、広範な知識と様々な計算により設計されますが、それらが問題なく機能するためには、現場工事で適切に施工されることが重要となります。その建築設備施工の鍵を握っているのが「管工事」です。

　管工事とは、給排水衛生設備、空気調和設備の設置、または金属製や合成樹脂製の管を使用して水、油、ガス、水蒸気などを配送するための設備を設置する工事の総称です。

　本書は、管工事に関連する空調、給排水設備に関する基礎と現場工事の特徴、留意点についての知識を取得することを目的としています。

　本書の構成は、次のようになっています。

　第1章から第5章では管工事に関わる共通事項として、設備工事に関連する建築（躯体）工事の基本的な条件、配管、ダクトの種類と特徴、保温・塗装に関する種類と施工方法、防振・防音に関する基礎と工法を解説しています。

　第6章から第8章では空調設備の知識として、空気調和設備の概要、空調配管工事の特徴と留意点、空調自動制御の基礎を解説しています。

　第9章から第13章では給水、給湯、排水通気、衛生器具、消火システムの各設備の概要、施工の特徴と留意点についてまとめています。

　本書は、建築設備の設計者と専門施工者が、現場の視点から、現場に役立つポイントを具体的に分かりやすく解説しています。建築設備の設計や施工に携わる方、管工事施工管理技士の資格取得を目指す方、建築設備に興味のある方に、座右の書として、ご活用いただければ幸いです。

2017年8月

原　英嗣
西川　豊宏

本書の特長

　本書では、管工事の現場における基礎的な知識の習得を目的としています。また、工事現場で活躍している施工者、これから管工事施工管理技士の資格の取得を目指している方々の手引きとなるような内容になっています。

　本書の特長を活かしていただき、管工事に関わる確かな知識を身に付けましょう。

●管工事に必要な共通工事が理解できる

　建築（躯体）、配管、ダクト、保温・塗装、防振・防音など、共通工事の知識が理解できます。

●空調設備の工事が理解できる

　空調機器の据付け工事が理解できます。空調設備に関する各種の配管工事が理解できます。

●自動制御設備の工事が理解できる

　自動制御の基礎知識から空調機、冷凍機の制御が理解できます。

●給水・給湯設備の工事が理解できる

　貯水槽、ポンプ、給水ゾーニング、給水配管・継手、各種給湯機が理解できます。

●排水通気設備の工事が理解できる

　排水通気管、排水トラップ・掃除口、屋外排水管の基礎が理解できます。通気管や排水槽の施工が理解できます。

●衛生器具設備の工事が理解できる

　衛生器具、便器、洗面器、手洗器、給水栓の基礎が理解できます。

●消火システムが理解できる

　消火設備、消火ポンプや消火水槽の配管、消火栓ボックス、送水口の基礎が理解できます。

●管工事施工管理技術検定試験との関係が理解できる

本書の内容と管工事検定試験との関係(重要度)がマーク(星印)から理解できます。

●必読!「ベテラン技士のワンポイント・アドバイス」

管工事には、多くの知見が財産になり、仕事に役立ちます。ベテラン施工技士からの貴重なアドバイスを紹介します。

本書の構成と使い方

本書は、第1章から第5章が管工事に関係する共通工事編、第6章から第12章が施工技術編、第13章が消火システムの3編から構成されています。共通工事編では、建築(躯体)、配管、ダクト、保温・塗装、防振・防音を説明します。施工技術編では、空調(配管)設備、自動制御、給水・給湯、排水通気、衛生器具を説明します。また、国家検定制度「管工事施工管理技術検定試験」との関係(重要度)を取り上げています。受検される方にも役立てていただけるほか、施工段階において習熟してもらいたい水準を示しています。

●効果的な学習方法

本書は、管工事に関する目的指向型の構成になっています。様々な学習法を以下に紹介します。

[学習法❶] 管工事の基礎を知りたい

第1章(建築_躯体関連)、第2章(配管)、第3章(ダクト)、第4章(保温・塗装)、第5章(防振・防音)読んでみましょう。管工事の基礎を正しく理解することは、ステップアップを実現するうえで大切です。ここでしっかり学習しましょう。

[学習法❷] 空調設備工事を知りたい

第6章(空気調和設備)や第7章(空調配管)を読んでみましょう。冷暖房設備機器の搬入・据付け工事計画、機器の据付けと耐震、冷暖房設備の据付け工事、換気設備、密閉回路と開放回路、流量制御、水配管工事、蒸気配管工事、冷媒配管工事、ドレン配管工事、油配管工事などを習得しましょう。

[学習法❸] 自動制御設備工事を知りたい

　第8章（自動制御設備）を読んでみましょう。自動制御の基礎、空調機の制御、冷凍機の制御、を理解しましょう。

[学習法❹] 給水・給湯設備工事を知りたい

　第9章（給水設備）や第10章（給湯設備）を読んでみましょう。貯水槽まわり、ポンプ、給水ゾーニング、給水配管・継手、貯湯槽・熱交換器、ガス湯沸かし器、貯湯式給湯機（ヒートポンプ式給湯機を含む）を理解しましょう。

[学習法❺] 排水通気設備工事を知りたい

　第11章（排水通気設備）を読んでみましょう。排水通気管の基本事項、排水トラップ・掃除口、通気管の施工、排水槽の施工、屋外排水管を理解しましょう。

[学習法❻] 衛生器具設備工事を知りたい

　第12章（衛生器具設備）を読んでみましょう。衛生器具、大便器、小便器、洗面器・手洗器、給水栓を理解しましょう。

[学習法❼] 消火システムを知りたい

　第13章（消火システムの種類と特徴）を読んでみましょう。消火設備の種類と目的、消火ポンプ周りの配管、消火水槽と配管、消火栓ボックス、送水口を理解しましょう。

「技術検定」で管工事施工管理技士にチャレンジ！

●管工事施工管理技士とは

　建設業のうち冷暖房設備工事、空調設備工事、給排水・給湯設備工事、ダクト工事、浄化槽工事、ガス配管工事、衛生設備工事などの管工事において、施工計画を作成し、工程管理、品質管理、安全管理等の業務を行います。1級管工事施工管理技士の取得者は、建築設備士試験（2年の実務経験が必要）の受験資格が得られます。この資格の保有者は1級・2級とも、社会保険労務士の受験資格が得られます。

1　級管工事施工管理技士

建設業法により特定建設業の営業所に置かなければならない専任の技術者や、工事現場ごとに置かなければならない主任技術者および監理技術者になることができる。監理技術者であり続けるためには更新が必要である。

2　級管工事施工管理技士

建設業法による一般建設業の営業所の専任技術者や、工事現場における主任技術者となることができる。

●技術検定の試験科目

　技術検定は、上記のとおり1級、2級に区分され、学科試験と実地試験があります。1級、2級ともに学科試験において機械工学、施工管理法、法規があります。実地試験において施工管理法があります。学科試験は択一式です。実地試験は記述式が出題されます。実地試験では、実際に施工した現場に関する記述する出題があります。実地試験は、1級は学科試験合格後に後日実施され、2級は学科試験と同日に実施されます。実地試験のみ不合格の場合は、翌年度に限り筆記が免除され実地のみ受験が可能です。

●技能検定の実施機関

　技能検定は、国（厚生労働省）が定めた実施計画に基づいて、試験問題などの作成、受検申請書の受付、試験実施などの業務については全国建設研修センターが行っています。本書で培った管工事の知識をもとに、まずは、技術検定（2級）にチャレンジしてみましょう。

はじめに …………………………………………………… 3
本書の特長 ………………………………………………… 4
本書の構成と使い方 ……………………………………… 5
「技術検定」で管工事施工管理技士にチャレンジ！ …… 7

第1章　共通工事　建築（躯体）関連

1-1　基礎工事 ……………………………………………… 14
1-2　スリーブ工事 ………………………………………… 23

第2章　共通工事　配管

2-1　配管材料と特徴 ……………………………………… 38
2-2　配管の接合方法 ……………………………………… 45
2-3　配管付属品 …………………………………………… 52
2-4　配管の支持方法 ……………………………………… 57
2-5　配管の防食 …………………………………………… 59

第3章　共通工事　ダクト

3-1　ダクト材料と特徴 …………………………………… 62
3-2　ダクトの制作と接続方法 …………………………… 65
3-3　ダクト付属品 ………………………………………… 78
3-4　ダクトの支持方法 …………………………………… 84
3-5　ダクトと機器の接続 ………………………………… 87

第4章　共通工事　保温・塗装

4-1　保温の目的 ……………………………………………… 92

4-2　保温材の種類と特徴 …………………………………… 94

4-3　塗装工事 ………………………………………………… 100

第5章　共通工事　防振・防音

5-1　音と振動の基本事項 …………………………………… 108

5-2　機器防振 ………………………………………………… 112

5-3　ダクトの防振と防音の実際 …………………………… 118

5-4　配管の防振と防音の実際 ……………………………… 122

5-5　機器や器具の防振と防音の実際 ……………………… 126

第6章　空気調和設備

6-1　空気調和設備機器の搬入・据付け工事計画 ………… 130

6-2　機器の据付けと耐震 …………………………………… 132

6-3　空気調和設備機器の据付け工事 ……………………… 134

第7章　空調配管

7-1　密閉回路と開放回路 …………………………………… 154

7-2　流量制御 ………………………………………………… 156

7-3　水配管（冷水・温水・冷温水・冷却水）工事 ……… 160

7-4　蒸気配管工事 …………………………………………… 165

7-5　冷媒配管工事 …………………………………………… 170

7-6　ドレン配管工事 ………………………………………… 173

7-7 油配管工事 ……………………………………………… 177

第8章　自動制御設備

8-1 自動制御の基礎 …………………………………………… 182
8-2 空調機の制御 ……………………………………………… 187
8-3 冷凍機の制御 ……………………………………………… 198

第9章　給水設備

9-1 貯水槽まわり ……………………………………………… 208
9-2 給水方式 …………………………………………………… 211
9-3 給水ゾーニング …………………………………………… 217
9-4 給水配管・継手 …………………………………………… 221

第10章　給湯設備

10-1 貯湯槽、熱交換器 ………………………………………… 230
10-2 ガス湯沸かし器 …………………………………………… 233
10-3 給湯機（ヒートポンプ式給湯機を含む）……………… 237

第11章　排水通気設備

11-1 排水通気管の基本事項 …………………………………… 244
11-2 排水トラップ、掃除口 …………………………………… 251
11-3 通気管の施工 ……………………………………………… 255
11-4 排水槽の施工 ……………………………………………… 258
11-5 屋外排水管 ………………………………………………… 265

第12章　衛生器具設備

12-1　衛生器具 …………………………………………… 272

12-2　大便器 ……………………………………………… 273

12-3　小便器 ……………………………………………… 278

コラム　衛生器具の清掃、保守、点検 …………………… 279

12-4　洗面器・手洗器 …………………………………… 280

12-5　給水栓 ……………………………………………… 282

第13章　消火システムの種類と特徴

13-1　消火設備の種類と目的 …………………………… 286

13-2　消火ポンプ周りの配管 …………………………… 293

13-3　消火水槽と配管 …………………………………… 296

13-4　消火栓ボックス、送水口 ………………………… 298

参考文献 …………………………………………………… 301

索引 ………………………………………………………… 302

Chapter 1

共通工事
建築（躯体）関連

建築躯体工事に関わる設備工事は、躯体を利用した設備、スリーブ・箱抜き工事、インサート工事、設備基礎工事および各設備室・設備シャフトなどがあります。これらの躯体工事に関連する設備工事は、躯体工事完了後の修正・変更が不可能であり、施工性、維持管理性、将来の設備更新性などに関わってきます。設備工事に関わる建築躯体工事の構造上の基本的な条件を理解することで、建築および構造関係者との調整をスムーズに行うことができます。

1-1 基礎工事

管工事検定試験（重要度）★★★★☆

　設備機器の据付けの目的は、地震時に移動、転倒、落下などによって、損傷しないように、また、地震後にその機能が確保されるようにすることです。設備機器の形状、構造、機能、設置場所の違いにより、その固定方法にはいくつかの方法が用いられます。ここでは建築躯体工事に関わりのある床固定機器を例に、機器取付け部、架台、アンカーボルト、コンクリート基礎などを説明します。

 基礎工事の基本事項

　一般的に機器類は床面または地盤面に設置されますが、小型機器類は鋼製架台を用いて天井から吊り下げるか、壁面に設置されます。床面に設置される場合は、機器の荷重を支え、それを床面に均等に伝えるために基礎を設けます。
　機器は移動したり、振動したりしないように、アンカーボルトなどにより、基礎に固定されます。振動を伴う機器は、振動が床面に伝わらないように防振装置が用いられます。
　基礎には、次のような設備や構造上の要求を満足するための機能があります。

①床面の湿気やほこりなどから機器を守る、保守点検時の適切な高さを確保などの維持管理的な要求。
②配管接続のためのスペース、機器排水のために基礎上に排水溝を設けるなどの設備的な要求。
③様々な機器形状、アンカーボルトの有効長さの確保、耐震に必要な重量の確保など、形状や強度に応じられる据付け上の要求。
④重量機器の荷重を分散させる、その位置や形状を変えたりする構造上の要求。

基礎の種類

　コンクリート基礎の形状は、設備機器の種類、重量、設置場所の床仕上げ、防水有無、水平震度などにより、べた基礎、はり型基礎（独立基礎）などの選別を行います。高置水槽、冷却塔、大口径配管は、はり型基礎（独立基礎）（図1.1、図1.6）、送風機などの軽量機器、小口径配管は、べた基礎とする場合があります（図1.2、図1.3、図1.4、図1.5）。

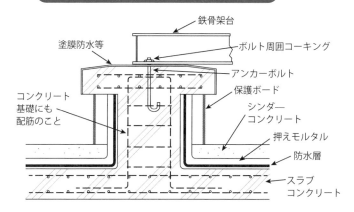

図 1.1　はり型基礎（防水層巻き上げ）

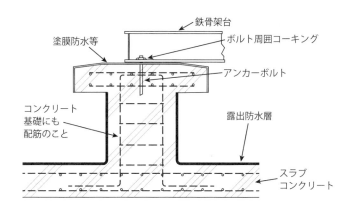

1-1 基礎工事

　大型で重量のある機器の場合は、防水層を切らないようにスラブと基礎を一体に
コンクリートを打設し、防水巻き上げ用のアゴを設けます（図1.1）。基礎上部に鉄
骨架台を組んで、機器を据付けます。小型で軽量機器の場合は、押えコンクリート上
に基礎を設置します（図1.2）。防水層上に直接設置する場合は、ゴムマットを敷い
て、防水層を保護します（図1.3）。

　なお、機器をコンクリート基礎に据え付ける場合、少なくとも1週間以上の養生
期間を確保し、ある程度のコンクリートの強度が出てから行います。

図1.2　べた基礎（防水押えコンクリート）

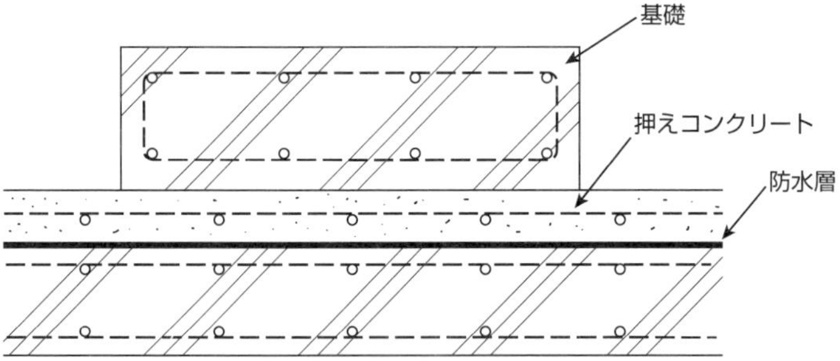

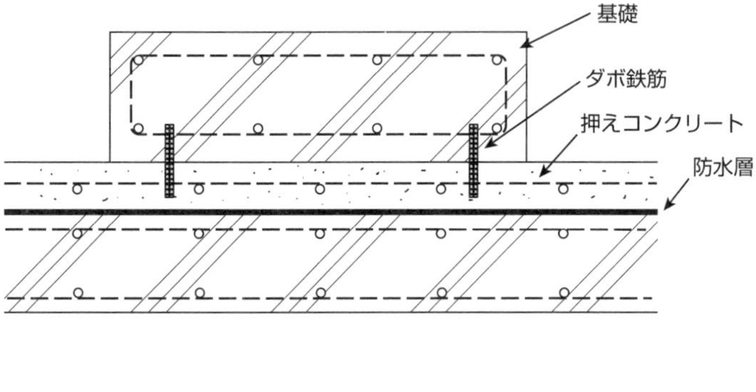

基礎工事 1-1

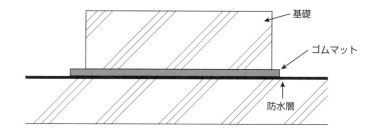

図 1.3 べた基礎（防水層上おき基礎）

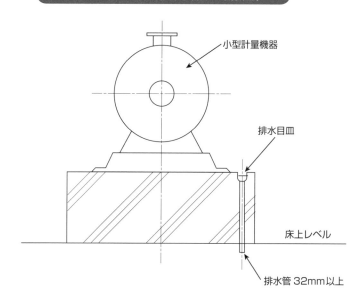

図 1.4 べた基礎（躯体一体型、機械室）

1-1 基礎工事

図 1.5 配管支持基礎(自重のみを支持、露出防水の場合)

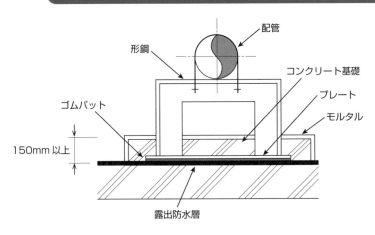

図 1.6 配管支持基礎(形鋼振れ止め支持の場合)

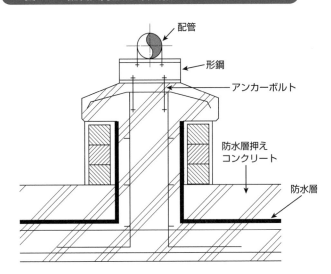

また、防振が必要な機器は防振基礎とし、移動や転倒を防止するために、耐震ストッパーを設けます。チリングユニット（冷凍機）基礎の場合の例を図1.7、図1.8に示します。

図 1.7　防振基礎の設置例

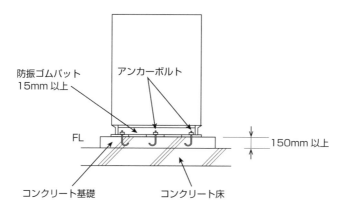

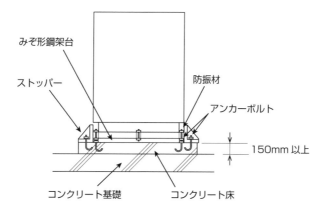

1-1 基礎工事

図 1.8 耐震ストッパの設置例

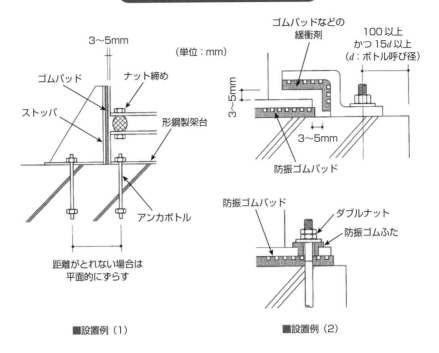

■設置例（1）　　　　■設置例（2）

ポイントアドバイス

屋上の基礎

屋上に基礎を計画する場合、屋上の水こう配や設備機器の配置による鉄骨架台なども合わせて検討します。

基礎工事 1-1

 ## 各機器とコンクリート基礎高さ

　機器据付けは、機器が有効に能力を発揮できるよう機器の種類、使用目的に適合する方法として水平に据え付けます。基礎の標準高さは、表1.1のようになります。

▼表1.1　コンクリート基礎の標準高さ　　　　　　　　　　　　　　　（単位：mm）

機器名称	基礎標準高さ	基礎標準型式
ポンプ類（給水ポンプユニット含む）	300または150（防振架台の場合）	ベタ基礎
水槽類（受水槽、高置水槽など）	600	はり形基礎工
貯湯槽、熱交換器、膨張水槽類	150（ベタ）、500（はり形）	ベタまたははり形基礎
ボイラ類（鋳鉄製、銅製、電気）	製造者の標準高さまたは200	ベタ基礎
冷凍機（圧縮式、吸収式）	150	ベタ基礎
空気熱源ヒートポンプユニット、パッケージ形空気調和機の屋外ユニット	150（ベタ）、500（はり形）	ベタまたははり形基礎
冷却塔	500	はり形または独立基礎
送風機、全熱交換器	150	ベタ基礎
空気調和機（ユニット形、大形パッケージ）	150	ベタ基礎
空気調和機（小形パッケージ、コンパクト形）	100	ベタ基礎
ヘッダ類	300	はり形または独立基礎
制御盤類	100	ベタ基礎

注　＊1　屋上または防水のある場所での防水層立上り式の場合。
　　＊2　トラップを必要とする機器の基礎高さは、トラップの封水高さを考慮して決定する。

出典：空気調和・衛生工学便覧、計画・施工・維持管理編、(公社)空気調和・衛生工学会

共通工事建築（躯体）関連

1-1 基礎工事

アンカー取付け要領

　機器を据付けるためのアンカーボルトには、埋込みアンカー、箱抜きアンカー、メカニカルアンカー、樹脂アンカーなどの種類があり、施工条件や荷重条件により適切な種類を選択します。また、アンカーボルトの径、埋込み長さおよび本数は、それに加わる引抜き力、せん断力から決定します（図1.9）。

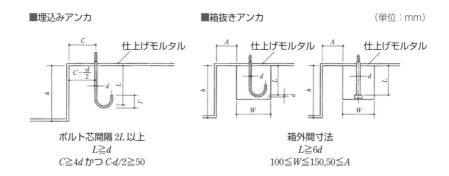

図 1.9　基礎アンカーボルトの設置例

　機器や配管の支持金物を取り付けるには、あらかじめコンクリートなどの躯体にアンカーを埋め込む、埋込みアンカー方式が標準的ですが、必要に応じて躯体工事の後にアンカーを施工する場合があり、これをあと施工アンカーと呼びます。

　施工アンカーは、おねじメカニカルアンカー（金属拡張アンカー）と樹脂アンカー（接着系アンカー）などがあります。同じメカニカルアンカーでも、めねじアンカーは著しく強度が落ちます。

　なお、あと施工アンカーの施工は、基礎コンクリートの強度が規定以上であることを確認し、所定の深さに穴をあけ、孔内をきれいにした後に、接着系アンカーカプセルを挿入します。ボルト打込み後、所定の硬化時間（約12時間程度）養生します。

1-2 スリーブ工事

管工事検定試験（重要度）★★★★☆

建築構造の主な種別としては、鉄筋コンクリート造（RC造）、鉄骨造（S造）、鉄骨鉄筋コンクリート造（SRC造）、木造（W造）があります。はり、床、壁などの設備配管、ダクトなどの貫通は、それぞれの構造種別で貫通できる位置およびその補強方法が異なります。ここでは、RC造、S造、SRC造を例に、梁、壁、床の貫通方法などを説明します。

 スリーブ工事の基本事項

スリーブの材質には、耐水性、耐久性に優れた鋼管製、鉄板製、硬質紙製、合成樹脂製などがあり、構造種別、デッキ種別、防水層、床、梁、耐震壁、または外壁貫通など使用する箇所に応じて、図1.10、表1.2に示すような、それぞれに適用した材質を用います。

また、スリーブ口径は、配管材料、配管外形、フランジ径、保温防露材の厚さを見込んで、口径を決める必要があります。一般的には、配管外径よりも50～140mm程度大きい径とします。保温されているものは保温厚さを含んだ外径とすることや配管にこう配がある場合は、その余裕を考えて必要な大きさおよび位置を決定します。

異なる梁せい

異なる梁せい（大梁と小梁など）を連続して貫通する場合、スリーブ可能範囲（特に高さ）に違いがあることに注意が必要です。

1-2 スリーブ工事

図1.10 スリーブの種類

■紙製仮枠ボイド

■亜鉛鉄板製スリーブ

■つば付鋼管スリーブ

■止水材を使用するスリーブ

出典：日栄インテック株式会社ホームページ

▼表1.2 スリーブ使用種別

施工箇所	使用区分	スリーブの種類					
		紙製仮枠	VP	亜鉛鉄板	つば付き鋼管	鋼管	木製箱
地中外壁	土中ピット部分 （水密を要する部分）		○*1		○		
地中	両面が土中部分		○				
	床下ピット内		○				
梁	梁・小梁		○	○*2		○	
RC壁	配管（外壁）	○	○	○		○	
	配管（内壁）	○		○		○	
	スパイラルダクト（外壁）	○		○*1		○	
床	配管（一般居室）	○	○			○	
	配管（機械室・PS）	○	○			○	
	ダクト			○*3		○	○

注 *1 打合せの上、止水リングも可
　*2 スライドスリーブなど
　*3 防火区画は1.6t鋼板製

スリーブ工事 1-2

紙製仮枠 ：柱および梁以外の箇所で、開口補強が不要であり、かつ、スリーブ径が200mm以下の部分に用いる。コンクリート打設後に撤去する。

塩化ビニル管 (VP、VU) ：地中部分で水密を要しない部分に用いる。

亜鉛鉄板製 ：円筒式スリーブとスライド式スリーブがある。

つば付鋼管 ：外壁の地中部の水密を要する部分に用い、つば溶接後内面および端面にさび止め塗装を施したものとする。

止水リング ：非加硫ブチルゴム系止水材を鋼管またはビニル管に巻き付けて止水するスリーブは、外壁の地中部などの水密を要する部分に用いる。

鋼管および鋼板製 ：コンクリート密着部にはさび止め塗装は施さない。

木製箱 ：ダクトスリーブに用い、コンクート打設後に撤去し、ダクト施工後にモルタルなどで埋め戻す。ダクト寸法＋100mm程度の大きさとする。

はり貫通 (RC造、S造、SRC造)

構造躯体の貫通には、鉄筋コンクリート部分に対する貫通 (RC造、SRC造)、鉄骨部分に対する貫通 (S造、SRC造) があります。

RC造の設備用貫通部のスリーブ入れは設備工事、構造補強は建築工事となり、貫通部周囲の鉄筋を増やします。S造の鉄骨部分に対する貫通部の穴明けや補強は、鉄骨製作工場で加工するので建築工事となります。

梁貫通孔は、梁のせん断強度の低下を生じさせるため、せん断力の大きい部分を避けて設け、必要に応じて補強します。また、梁端部は避ける必要があります。

●RC (鉄筋コンクリート) 造の場合

RC造の梁貫通孔は、梁せいの1／3以下、複数の貫通孔を設ける場合、その中心間隔は、孔径の平均値の3倍以上とします。

孔の設置位置は、上下方向で梁せいの中心付近 (上端および下端からの距離は梁せいにより決定します)、梁端部 (柱面) から1.2D (Dは梁せい) 以上離した範囲に設けることが出来ます。

また、貫通孔が梁せいの1/10以下、かつ150mm未満ものは補強を省略するこ

1

共通工事建築 (躯体) 関連

とができます(図1.11、図1.12)。

図1.11 RC(鉄筋コンクリート)造のスリーブ取付け位置と間隔の例

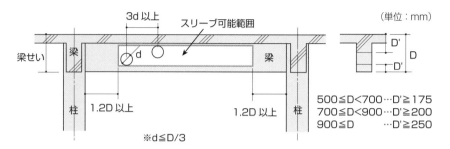

$500 \leq D < 700 \cdots D' \geq 175$
$700 \leq D < 900 \cdots D' \geq 200$
$900 \leq D \quad\quad \cdots D' \geq 250$

図1.12 RC(鉄筋コンクリート)造のスリーブの取付け方法の例

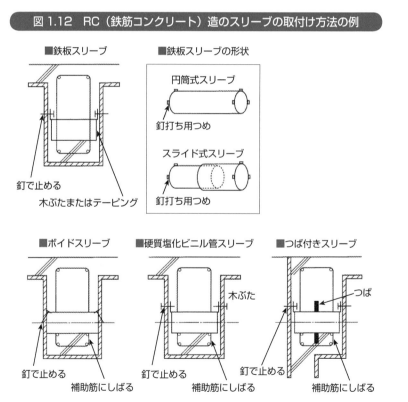

●S（鉄骨）造の場合

　S造の梁貫通孔は、梁せいの1／2以下、複数の貫通孔を設ける場合、その中心間隔は、孔径の平均値の3倍以上とします。梁端部以外は補強なしで梁せいDの1／2程度の孔を設けることが出来ます。

　孔の設置位置は、上下方向で梁上端および下端から100mm以上、鉄骨ジョイントから300mm以上離した梁の中心付近とします（図1.13）。

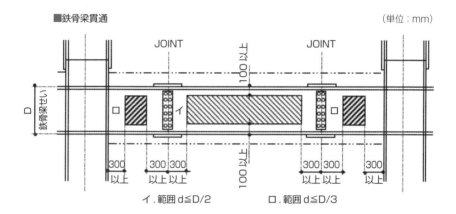

図1.13　S（鉄骨）造のスリーブ取付け位置と間隔の例

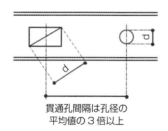

　鉄骨梁に耐火被覆が取り付けられる場合、耐火被覆の厚みを考慮して、貫通孔径を決定する必要があります（図1.14）。

1-2 スリーブ工事

図 1.14 耐火被覆を考慮したスリーブ径の例

■鉄骨ばりのスリーブ

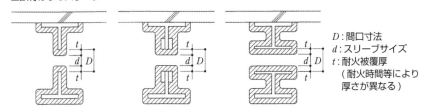

D：間口寸法
d：スリーブサイズ
t：耐火被覆厚
　（耐火時間等により
　　厚さが異なる）

●SRC（鉄骨鉄筋コンクリート）造の場合

　SRC造の梁貫通孔は、鉄骨（S造）部分はスリーブ補強などで、鉄筋コンクリート（RC造）部分は配筋で、それぞれで補強が必要になります。

　SRC造ではスリーブ管（鋼管スリーブ）を設けますが、鉄骨梁の大曲がりなどの施工誤差を考慮して、コンクリート表面から10mm以内に収まるように長さを決定します（図1.15）。

図 1.15　SRC（鉄骨鉄筋コンクリート）造のスリーブの取付け方法の例

■鋼管スリーブ

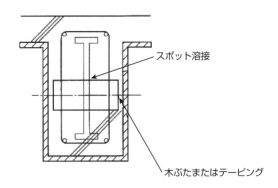

壁貫通（外壁、内壁、地中壁、区画壁）

壁貫通する場合、その壁が耐震壁か一般壁により、開口可能な壁貫通の寸法やその補強方法が異なります。また、壁が建築基準法上の防火区画の場合、貫通する配管・ダクトには、区画貫通処理が必要になります。

●外壁貫通

外壁貫通では、貫通する配管と躯体は、シーリング材などで止水します。また、必要に応じて庇（ひさし）などを設けます（図1.16）。

図 1.16　外壁貫通部の施工例（コンクリート壁の場合）

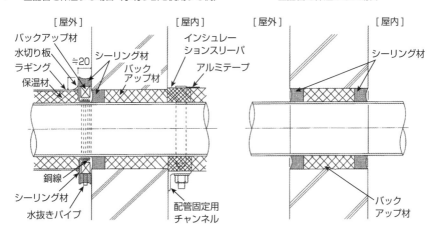

1-2 スリーブ工事

●**内壁貫通**

　内壁貫通では、貫通孔からの騒音の伝播や空気の流入を防ぐため、配管の周囲にロックウールやモルタルを充填します。また、特に遮音性能が必要な遮音壁には、遮音シートを巻くなど、遮音対策を行います（図1.17）。

図 1.17　内壁貫通部の施工例

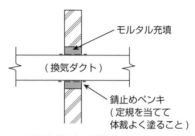

■露出ダクトの壁貫通

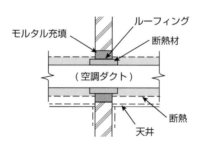

■隠ぺいダクトの壁貫通（断熱ダクト）

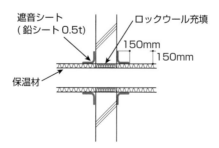

●地中壁・地中梁貫通

　地下外壁を貫通する場合、地下水位、雨水の影響による建物内への浸水を防止するため、スリーブ（つば付きスリーブ、実管スリーブ、止水テープ付きスリーブなど）を設置します（図1.18、図1.19）。

図1.18　地中外壁貫通部の施工例

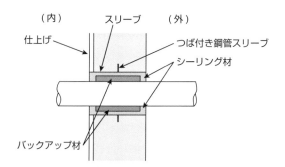

図1.19　地中外壁貫通部（二重壁）の施工例

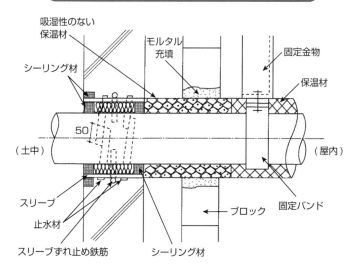

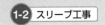

●区画貫通部

　防火区画の貫通では、法令で定められた工法で施工する必要があります。配管と防火区画とのすき間をモルタル、ロックウールなどの不燃材料で埋めます（図1.20）。配管が不燃材料以外の場合は、貫通部の両端1mを不燃材料で覆います。ダクトは、貫通部にFD（防火ダンパー）を設けます（図1.21）。冷媒管などは、高温で膨張する耐火材料を使用します（図1.22）。

図 1.20　配管の防火区画貫通部の施工例

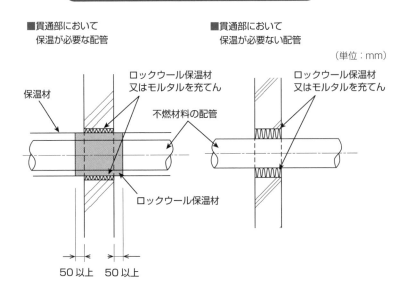

図 1.21　ダクトの防火区画貫通部の施工例

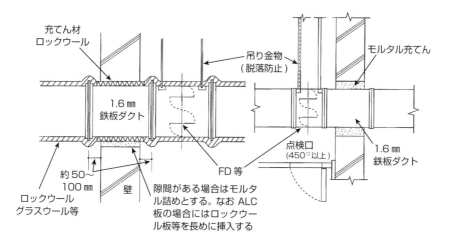

図 1.22　冷媒管（銅管）の防火区画貫通部の施工例

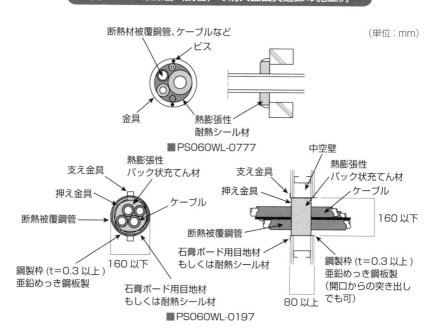

1-2 スリーブ工事

🔧 床貫通（一般床、防水層、ハト小屋）

　屋上には設備機器が設置され、配管類が屋上の防水層を貫通して建物内部の機器とつながります。また、各階の床面には、PS、DS内の配管・ダクトが上下に貫通する必要があります。

●一般床貫通

　床貫通部のすき間は、見えがかり部分、防火区画や騒音防止を必要とする部分はモルタル、ロックウールなどの不燃材料を充填します（図1.23）。

図 1.23　一般床貫通部の施工例

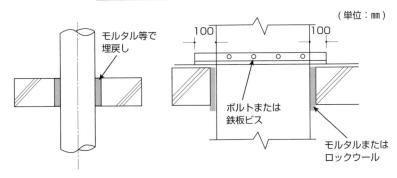

●防水床貫通

　防水床を配管が貫通する場合、漏水に対して弱点となります。貫通部を少なくする計画をしたうえで、やむを得ない場合、つば付きスリーブを使用する、防水層を配管に巻き上げるなどにより、防水対策を行います。(図1.24)。

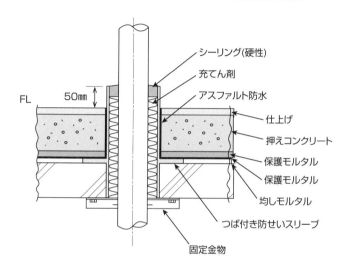

図1.24　防水床貫通部（防水層貫通）の施工例

S（鉄骨造）

S（鉄骨造）の場合、鉄骨に20〜25mmの耐火被覆が巻かれて、スリーブ径よりも50mmほど、小さい貫通孔径となります。

1-2 スリーブ工事

●ハト小屋

　屋上貫通では、屋上に設置したハト小屋の中でスラブを貫通し、外部に配管を出します。配管の施工、点検のため、ハト小屋に点検口を設けます（図1.25）。

図 1.25　ハト小屋による配管の屋上スラブ貫通の施工例

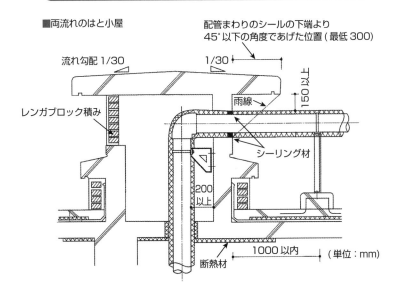

Chapter

2

共通工事　配管

　　建築設備における配管とは、人体に例えると
血管のようなものです。体の隅々に酸素を供給
するように、建物の隅々に空調のための冷温水
や冷媒を供給し、また便所やお風呂などへ給水、
給湯を供給し、そして使用後の水を排水する配
管があります。流体に応じ、適切な材料や継手を
選ぶ必要があります。本章では配管材料や継手
の種類、また流れをコントロールする弁類、支持
金物などについて理解しましょう。

2-1 配管材料と特徴

管工事検定試験（重要度）★★★★★

古代には粘土、木樋、竹などが用いられていましたが、現代では金属系、非金属系と様々な配管材料があります。ここではそれぞれの特徴をみていきます。

配管材料

配管材料は、図2.1のように、金属配管材料と非金属配管材料に分かれています。金属配管材料は、大まかに炭素鋼管、樹脂被覆鋼管、ステンレス鋼管、鋳鉄管、銅管、鉛管に区分されます。また、非金属配管材料は、硬質塩化ビニル管、ポリオレフィン管、コンクリート管のほか、無機材料管に区分されます。

図2.1　主な配管材料

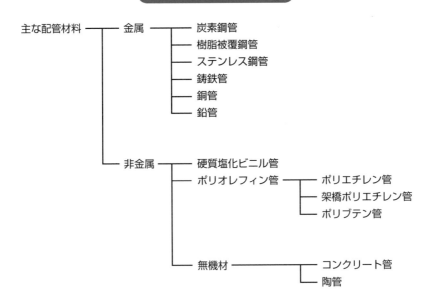

配管用炭素鋼鋼管（JIS G 3452）

通称ガス管と呼ばれ、SGPとも略されています。鉄と炭素に加え、ケイ素（Si）、マンガン（Zn）、りん（P）、硫黄（S）などからなる合金でできています。圧力の比較的低い蒸気、空調用冷温水・冷却水、消火、排水、通気、油、ガス、空気など、幅広い用途に用いられます。

溶融亜鉛めっきを施した**白ガス管**と素地のままの**黒ガス管**があります。

▼表2.1　配管用炭素鋼鋼管の種類

管種	名称	規格	記号
炭素鋼管	配管用炭素鋼鋼管（白） 配管用炭素鋼鋼管（黒）	JIS G 3452 JIS G 3452	SGP（白） SGP（黒）

圧力配管用炭素鋼鋼管（JIS G 3454）

STPGと略され、引張強さにより「STPG370」と「STPG410」の2種類があります。呼び厚さにより、Sch（スケジュール）10、Sch20、Sch40、Sch60、Sch80の6段階の区分があります。例えばSch80のSTPG410では最高使用圧力が8.1MPaとされています。

350℃以下の圧力のある配管に使用され、白ガス管では、空調用冷温水・冷却水、消火、黒ガス管では、冷媒、高温水、蒸気などに用いられます。

▼表2.2　圧力配管用炭素鋼鋼管の種類

管種	名称	規格	記号
炭素鋼管	圧力配管用炭素鋼鋼管（白） 圧力配管用炭素鋼鋼管（黒）	JIS G 3454 JIS G 3454	STPG（白） STPG（黒）

2-1 配管材料と特徴

ライニング鋼管

SGPの内面に硬質塩化ビニルや、耐熱性塩化ビニルをライニングしたり、ポリエチレン粉体を塗布した管であり、鋼管の強度と、樹脂管の耐食性を兼ね備えています。使用する鋼管の種類と、内面外面などのライニング部位により下記の種類があります。

▼表2.3　ライニング鋼管の種類

記号	原管	樹脂被覆材	規格	備考
SGP-VA	黒	内面塩化ビニル樹脂ライニング	JWWA K 116	
SGP-VB	白(SGPW)	内面塩化ビニル樹脂ライニング	JWWA K 116	
SGP-VD	VA	外面塩化ビニル樹脂ライニング	JWWA K 116	
SGP-HVA	黒	内面耐熱性塩化ビニル樹脂ライニング	JWWA K 140	
SGP-PA	黒	内面ポリエチレン融着	JWWA K 132	
SGP-PB	黒	内面ポリエチレン融着	JWWA K 132	
SGP-PD	PA	外面ポリエチレン融着	JWWA K 132	
SGP-VS	白・STPG白	外面塩化ビニル樹脂ライニング 1.2mm以上	WSP041	消火用
D-VA	軽量鋼管黒	内面塩化ビニル樹脂ライニング	WSP042	排水用

※SGPWはSGP白管よりも亜鉛の付着量を多くしたもの。
　WSP：日本水道鋼管協会企画

給水や、耐熱性管は給湯・冷温水、D-VAは排水に用いられ、外面ライニング管は土中配管に使用されます。

配管材

配管材の種類と特徴を理解し、用途に応じた使い分けができるようになりましょう。

配管材料と特徴 2-1

ステンレス鋼管（JIS G 3448、JIS G 3459）

鉄にクロムやニッケルを添加した鉄合金で、管表面に不動態被膜を形成し、Stain（さび）がless（少ない）という意味で、腐食しにくい配管材料とされています。耐食性、耐熱性に優れ、軽量のため施工性も優れています。

一般配管用ステンレス鋼管は最高使用圧力1MPa以下の給水、給湯、消火、冷温水、冷却水、蒸気還水などの配管に用いられ、添加材の違いによりSUS304と、SUS316があります。土中など更に耐食性を求められる部位にはSUS316が使用されます。

配管用ステンレス鋼管は、一般配管用よりも肉厚があり、スケジュール番号Sch5、Sch 10、Sch 20、Sch 40、Sch 80、Sch 120、Sch 160の7段階があります。

▼表2.4　ステンレス鋼管の種類

管種	名称	規格	記号
ステンレス鋼管	一般配管用ステンレス鋼管 水道用ステンレス鋼管 配管用ステンレス鋼管 水道用波状ステンレス鋼管 ガス用ステンレス鋼フレキシブル管	JIS G 3448 JWWA G 115 JIS G 3459 JWWA G 119 日本ガス協会	SUS-TPD SSP-SUS SUS-TP CSST-SUS

銅管（JIS H 3300）

表面に保護被膜が形成されるため耐食性があり、軽量で加工しやすく、ろう付け、はんだ付け、拡管などの接合方法に富むことから、給水、給湯、冷媒配管などに用いられます。しかし、水質、管内流速、気泡などにより、保護被膜が破壊されると、潰食・孔食を生じるため、適切な処置が必要です。肉厚の厚いものからK、L、Mタイプがあり、一般的にはMタイプが用いられます。

▼表2.5　銅管の種類

管種	名称	規格	記号
銅管	銅及び銅合金の継目無管 外面被覆銅管 水道用銅管 一般冷媒配管用銅管	JIS H 3300 JIS H 3330 JWWA H 101 JIS B 8607	

鋳鉄管

　水道本管などの、管径が大きく、圧力の高い用途に、強度の高いダクタイル鋳鉄管が用いられます。鋼管に比べ腐食に強いため、排水管にも用いられてきました。

▼表2.6　鋳鉄管の種類

管種	名称	規格	記号
鋳鉄管	ダクタイル鋳鉄管 水道用ダクタイル鋳鉄管 排水用鋳鉄管（メカニカル形1種管,2種管,差込み形RJ管）	JIS G 5526 JWWA G 113 JIS G 5525	D-CIP CIP

硬質ポリ塩化ビニル管（JIS K 6741）

　軽量で、管内摩擦抵抗が小さく、耐食性もあるため、給水、排水管に幅広く用いられていますが、樹脂管のため、耐圧、耐衝撃性に乏しく、また線膨張係数が大きいため、伸縮にも配慮が必要です。
　一般的に用いられるVP管の他、肉厚が薄く排水に用いられるVU管、耐衝撃性を高めた濃灰青色のHIVP管、耐熱性を高め給湯などに用いられる茶色のHTVP管などがあります。

▼表2.7　ビニル管の種類

管種	名称	規格	記号
ビニル管	硬質ポリ塩化ビニル管 水道用硬質ポリ塩化ビニル管 水道用ゴム輪形硬質ポリ塩化ビニル管 水道用ゴム輪形耐衝撃性硬質ポリ塩化ビニル管 耐熱性硬質ポリ塩化ビニル管 排水用リサイクル硬質ポリ塩化ビニル管 リサイクル硬質ポリ塩化ビニル発泡三層管 リサイクル硬質ポリ塩化ビニル三層管	JIS K 6741 JIS K 6742 JWWA K 127 JWWA K 129 JIS K 6776 AS 58 JIS K 9798 JIS K 9797	VP・VU VP・HIVP HTVP REP-VU RF-VP RS-VU

AS：塩化ビニル管・継手協会規格

耐火二層管

硬質ポリ塩化ビニル管に、繊維モルタルで被覆したもので、国土交通省認定を受け防火区画の貫通部に用いることができます。主に区画を貫通する排水、通気管に用いられています。被覆材により防露用保温工事が不要という特徴があり、最近では遮音性能を持たせた遮音耐火二層管という製品もみられます。

防火区画貫通部に用いられる樹脂管材料として、耐火VP管という製品もあります。

架橋ポリエチレン管（JIS K 6769）

中密度・高密度ポリエチレン管を架橋反応させることで、耐熱性、耐クリープ（持続的応力による歪み）性を向上させた管です。PE管と略されます。小管径で、軽量、可とう性があることから、給水、給湯、床暖房などの用途に用いられます。集合住宅やホテルでは、ヘッダから１器具を１本の単独配管で接続する「さや管ヘッダ工法」が用いられています。

▼表2.8　ポリエチレン管系の種類

管種	名称	規格	記号
ポリオレフィン管	一般用ポリエチレン管	JIS K 6761	PE
	水道用ポリエチレン二層管	JIS K 6762	WPE
	水道配水用ポリエチレン管	JWWA K 144	
	ガス用ポリエチレン管	JIS K 6774	
	架橋ポリエチレン管	JIS K 6769	PEX
	水道用架橋ポリエチレン管	JIS K 6787	
	金属強化架橋ポリエチレン管	メーカー規格	

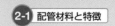

ポリブテン管（JIS K 6778）

1-ブテンの重合体で、高温域でも高い強度を持っており、また樹脂管の軽量、耐食性という特徴もあり、住宅などの給水、給湯、床暖房に用いられると共に、温泉引湯管、ロードヒーティング用としても用いられます。

▼表2.9　ポリブテン管系の種類

管種	名称	規格	記号
ポリオレフィン管	ポリブテン管 水道用ポリブテン管	JIS K 6778 JIS K 6792	PB

コンクリート管（JIS A 5372）

耐重性が必要な下水道管に用いられます。ヒューム管とも呼ばれます。その他材料を含め表2.10にまとめました。

▼表2.10　その他配管の種類

管種	名称	規格	記号
炭素鋼管	水配管用亜鉛めっき鋼管	JIS G 3442	SGPW
樹脂被覆鋼管	フランジ付硬質塩化ビニルライニング鋼管 フランジ付耐熱性樹脂ライニング鋼管 フランジ付ポリエチレン粉体ライニング鋼管 排水用ノンタールエポキシ塗装鋼管 消火用ポリエチレン被覆鋼管 ナイロンコーティング鋼管 ポリエチレン被覆鋼管	WSP 011 WSP 054 WSP 039 WSP 032 WSP 044 WSP 067 JIS G 3469	FVA・FVB・FVD H-FVA・H-FCA FPA・FPB・FPD SGP-NTA SGP-PS P1H・P2S・P1T・P1F
鉛管	排水・通気用鉛管	SHASE S 203	
ビニル管	FRP補強硬質塩化ビニル管	メーカー規格	
無機材	遠心力鉄筋コンクリート管 陶管 強化プラスチック複合管 ガラス繊維強化プラスチック管	JIS A 5372 JIS R 1201 JIS A 5350 JIS K 7030	HP

SHASE：空気調和衛生工学会規格

2-2 配管の接合方法

管工事検定試験（重要度）★★★☆☆

　配管の接合方法には、継手を用いるものと、配管同士を直接接合するものがあります。配管材と同じく様々な接合方法がりますので、ここでは代表的なものをご紹介します。

鋼管の接合方法

　鋼管の接合方法には、ねじ込み接合法、メカニカル接合法、溶接接合法、ねじ込みフランジ接合法、溶接フランジ接合法などがあります。

●ねじ接合

　配管に切削したおねじを、継手のめねじにねじ込んで接合する方法で、主に50Aまでの小管径の接合として用いられます。

　接合手順は、図2.2の切削ねじ切り機にて**テーパねじ**加工を行い、正しくねじが切れているか**ねじゲージ**にて検査、シール剤の塗布、手締め、パイプレンチでの増し締め、切削部に錆止めを塗布となります。

　ライニング鋼管では、管端部の腐食を防止するため、管端防食コア内蔵継手を用います。(図2.3) また切削おねじは、管端にいくほど肉厚が減り腐食の発生の原因にもなることから、**転造おねじ**という圧力でねじ山を加工する方法もみられます。

図2.2 ねじ切り機

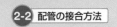

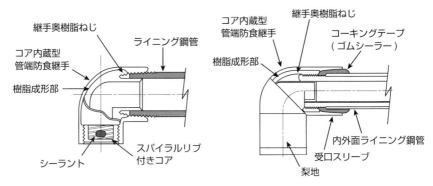

図 2.3 ライニング鋼管用継手（左内面、右内外面）

提供：積水化学工業株式会社

● 溶接接合

　高熱で配管どうしを加熱して溶かし結合させる方法です。建築設備工事では、アーク溶接（電気溶接）が用いられます。溶接時の酸化などの障害を少なくするため、フラックスを塗布した被覆溶接棒を使用し、フラックスの燃焼によって発生するガスで、溶融金属と空気を遮断して溶接します（図2.4、図2.5）。

　ねじ接合に比べ、接合強度が高く、水密性・気密性・コスト性に優れますが、作業者の技量による影響が大きく、溶接環境の確保が必要であること、材質が部分的に変化するなどの欠点も上げられます。

● フランジ接合

　主に管径の大きい管に利用されます。図2.6のように管の端部にフランジを溶接もしくはねじ込みにて接合し、フランジとフランジをボルトとナットで締め付けて接合する方法で、フランジの間にガスケット（パッキン）をはさみ、水密性を保ちます。

図2.4 突合せ溶接接合	図2.5 差込み溶接接合	図2.6 フランジ接合
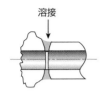	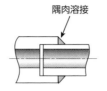	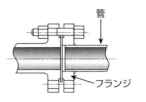

提供：株式会社キッツ

●メカニカル接合

　いろいろな部品を組み合わせて、機械的に接合する方法で、各メーカーにより様々な種類の製品があります。止水にはガスケット（パッキン）を用いるため、用途により適切な材質を選定する必要があります。また、薄肉のステンレス鋼管はねじ加工ができないため、ステンレス協会規格（SAS）に基づく認定品の様々なメカニカル接合が用いられます。

ハウジング形管継手　：管端に転造溝加工し、抜け防止対策をしているものが多く用いられています（図2.7）。
プレス式接合法：継手内部にゴム輪を装着し、専用工具でプレスして接合します。
拡管式接合法　：継手の袋ナットを先に管に入れてから、管端を専用工具で拡管したあと、ガスケットを入れ、袋ナットを締め付けます。拡管によりすっぽ抜け防止の特徴があります（図2.8、図2.9）。
転造ねじ接合法：転造ねじを形成するナットを締め付けることによって接合します（図2.10）。
カップリング式接合法：カップリング継手に管を差し込んだ後、2本のボルトを締め込むだけで接合が完了するもので、可とう機能を有しています（図2.11）。

2-2 配管の接合方法

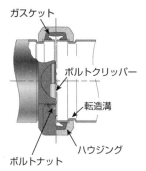

図2.7 ハウジング継手

提供：株式会社リケン

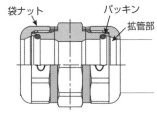

図2.8 拡管式継手

提供：株式会社リケン

図2.9 ステンレス鋼管拡管機

提供：株式会社リケン

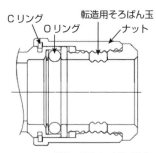

図2.10 転造ねじ継手

提供：東尾メック株式会社

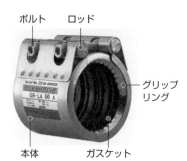

図2.11 カップリング継手

提供：株式会社リケン

銅管の接合方法

　銅管の接合方法には、はんだ付け（軟ろう）接合法、ろう付け（硬ろう）接合法、メカニカル接合法などがあります。メカニカル接合法は先述のステンレス鋼管のメカニカル接合法と重なるところもありますので、ここではろう付け接合法を説明します。

●ろう付け接合法

　銅管と継手自体はできるだけ溶かさず、管と継手のわずかな隙間に、毛管現象によって、溶かしたろう（溶加剤）を流し込み接合する方式です。はんだ付けと、ろう付けの違いは、溶加剤の温度で、融点が450℃未満のものを軟ろう、以上のものを硬ろうと呼んでいます。

硬質ポリ塩化ビニル管の接合方法

　硬質ポリ塩化ビニル管の接合方法には、TS式差込接合法、ゴム輪接合法、フランジ接合法などがあります。

●差込接合法

　テーパの受口を持った継手と管の両接合面に、専用の接着剤を塗布して挿入し、受口と差口を一体化する接合法です。HIVP管、HTVP管それぞれに専用の接着剤があるため、取違いに注意する必要があります。また接着剤を過剰に塗布し、配管内で溶媒蒸気が滞留すると、ソルベントクラック（溶剤亀裂）を起こすため、通風状態にも配慮が必要です。

2-2 配管の接合方法

架橋ポリエチレン管の接合方法

　同様の配管材料にポリエチレン管、ポリブテン管などもありますが、代表して架橋ポリエチレン管の接合方法をあげると、電気融着接合法、メカニカル接合法がありあます。

● 電気融着接合法

　加熱温度および時間が重要なため、あらかじめ加熱のための電熱線を埋め込んだ継手を使用します。専用の自動式コントローラより、通電し、非架橋部を融合します（図2.12）。

● メカニカル接合法

　継手に管を差し込み、ナット、バンド、スリーブなどを締め付けることによって水密性を確保する継手や、Oリングによって水密性を確保する継手など、様々な継手があります（図2.13）。

図2.12 電気融着接合の施工例

図2.13 メカニカル継手

提供：積水化学工業株式会社

特殊継手

　集合住宅などの排水立管などにおいて、排水管と通気管を共用する単管式排水システム用継手があります（図2.14）。旋回流により排水管外周を排水、内部を通気として利用するものです。

図 2.14 単管式排水システム用継手

■継手本体参考図

■床支持の図

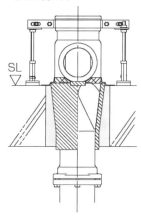

提供：積水化学工業株式会社

配管材に応じた接合

配管材に応じた接合方法を学び、施工空間、用途に応じ使い分けられるようになりましょう。

2-3 配管付属品

管工事検定試験（重要度）★★★★★

　配管には水の流れを止め、流量を調整するための弁や、設備を保護するための伸縮継手、フレキシブルジョイント、管内の異物を取るためのストレーナなどが設置されます。代表的なものを理解しましょう。

弁の種類

●仕切弁

　弁本体が内部の通路を垂直に仕切るように開閉する構造のもので、全開か全閉で用います。圧力損失が小さいという利点がありますが、流量調整には不向きです。**ゲート弁**とも呼ばれます。

●玉形弁

　弁本体が玉形状で、内部の流体の流れはＳ字状になっており、弁体が流れを塞ぐように閉める構造になっています。流量調整にする場合に用いられますが、圧力損失が大きいという欠点もあります。**グローブ弁**とも呼ばれます。

●ボール弁

　穴の空いたボール（球）状の弁体を、回転して開閉する構造となっています。操作性がよく、流路が直線で圧力損失が小さいという利点があります。

●バタフライ弁

　短い円筒形の弁本体の中心にある、円板状の弁体を回転させることで開閉させる構造となっています。仕切弁や玉形弁に比べ、必要スペースが小さく、大管径の配管に用いられます。全開時の圧力損失が比較的低く、流量調整にも用いられます。

配管付属品 2-3

●逆止弁

　流体の流れを一方向に保ち、逆方向への流れを防ぐ機能をもち、**チャッキ弁**とも呼ばれます。**スイング式**はちょう番式に取り付けられた弁体が、一方向のみに開く構造で、水平・垂直に取り付けることができます。**リフト式**は弁体の自重で流路に蓋をする構造で、水平方向のみに取り付けることができます。

図2.15　弁の種類

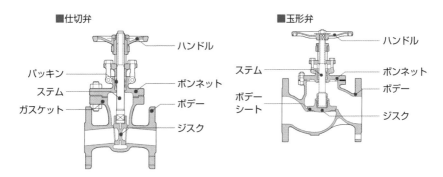

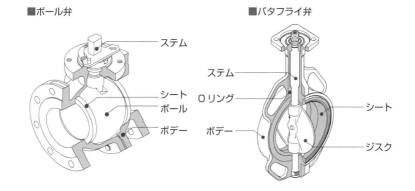

2-3 配管付属品

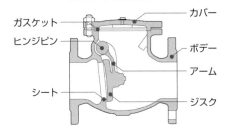
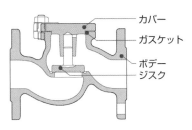

提供：株式会社キッツ

🔧 伸縮管継手

配管内の流体の温度が変化すると、配管も熱膨張、熱収縮を繰り返します。この伸び縮みを吸収し配管を保護する機能をもっているのが、伸縮管継手です。

●ベローズ形

配管が蛇腹（ベローズ）になっていて伸縮を吸収します。片側の伸縮を吸収する単式と、両側の伸縮を吸収する複式があり、取付け位置に注意が必要です（図2.16）。

●スリーブ形

本体とスリーブの二重構造になっていて、お互いに滑ることで伸縮を吸収します。止水はガスケット（パッキン）によります（図2.17）。

図2.16 ベローズ形伸縮管継手

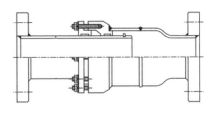

図2.17 スリーブ形伸縮管継手

提供：株式会社ベン

防振継手

　冷凍機、チラー、ポンプからの振動を、配管に伝えないよう縁を切るために設置されます。合成ゴム製（図2.18）、ステンレス製ベローズ形、3山樹脂製ベローズ形（図2.19）などがあります。残留塩素濃度が高い給水系統に用いる場合、耐塩素製を強化したEPDM（エチレンプロピレンジエンゴム）などを用います。

図2.18 合成ゴム防振継手

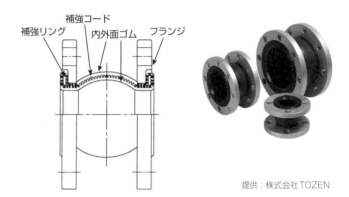

提供：株式会社TOZEN

図2.19 3山樹脂製ベローズ形防振継手

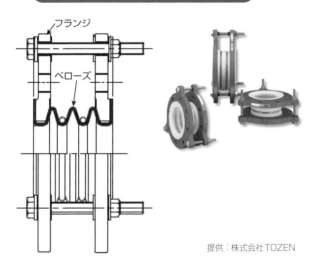

提供：株式会社TOZEN

2-3 配管付属品

フレキシブルジョイント

　受水槽や冷却塔など、内容物のある設備は、地震時などの揺れで、構造物や配管と異なる揺れをしますが、配管の破断を防止する目的で、設置されます。ステンレス製ベローズ形、合成ゴム製円筒形（図2.20）、合成ゴム製ベローズ形（図2.21）などがあります。

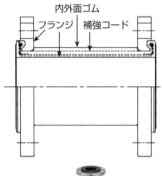

図2.20 合成ゴム製円筒形

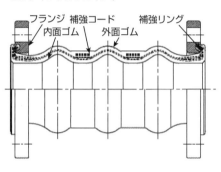

図2.21 合成ゴム製ベース形

提供：株式会社TOZEN

ストレーナ

　Y形、U形などの形状がありますが、内部に網（スクリーン）を備え、配管内のごみを集積する機能をもっています。スクリーンには目の粗い順に20、30、40、60、80、100メッシュ程度のものが使用されます。スクリーンの清掃のためにメンテナンススペースを確保し、取り付ける必要があります。

2-4 配管の支持方法

管工事検定試験（重要度）★★★★★

　配管の支持は、配管内容物を含め配管の荷重を支え、外部からの振動や衝撃、配管自身の伸縮に対応し、配管のこう配を維持し、管のたわみを防止する目的で設置します。ここでは支持の間隔やこう配の基準、金物の種類を理解しましょう。

 支持間隔の基準

　国土交通省の公共建築工事標準仕様書などで、表2.11のような支持間隔の基準が定められています。

▼表2.11　横走り管の吊りおよび振れ止め支持間隔

分類	呼び径	15	20	25	32	40	50	65	80	100	125	150	200	250	300
吊り支持	鋼管 ステンレス鋼管	2.0m以下									3.0m以下					
吊り支持	ビニル管、耐火二層管 ポリエチレン管	1.0m以下									2.0m以下					
吊り支持	銅管	1.0m以下									2.0m以下					
吊り支持	鋳鉄管	継手含む2m以下														
吊り支持	鉛管	1.5m以下														
形鋼振れ止め支持	鋼管、鋳鉄管 ステンレス鋼管						colspan: 4: 8.0m以下				colspan: 6: 12m以下					
形鋼振れ止め支持	ビニル管、耐火二層管 ポリエチレン管				colspan: 2: 6.0m以下		colspan: 4: 8.0m以下				colspan: 6: 12m以下					
形鋼振れ止め支持	銅管				colspan: 2: 6.0m以下		colspan: 4: 8.0m以下				colspan: 6: 12m以下					

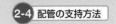

▼表2.12　立管の固定および振れ止め箇所

固定	鋼管、ステンレス鋼管	最下階の床または最上階の床
	鋳鉄管	最下階の床
形鋼振れ止め支持	鋼管、ステンレス鋼管	各階1か所
	鋳鉄管	各階1か所
	ビニル管、耐火二層管	各階1か所
	ポリエチレン管	各階1か所
	銅管	各階1か所

　配管こう配は水抜き、空気抜きが容易にできるこう配とします。給水・給湯管では、上向き供給では先上り、下向き供給では先下り、給湯返り管は先下り、消火・冷却水・冷温水・通気管先上りとします。

　屋内横走り排水管のこう配は、国交省、空気調和・衛生工学会規格などで基準が異なりますが、おおむね65A以下は最小1/50、75,100Aは最小1/100、125Aは最小1/150、150A以上は最小1/200とされています。

　蒸気管は原則先下り配管で、こう配は1/250とし、先上がりの場合は1/80とします。蒸気還り管は、先下り配管とし、こう配は1/200から1/300とします。

配管付属品

接続機器や、メンテナンス方法を考慮して、弁類などの配管付属品類を適切に設置できるようになりましょう。

2-5 配管の防食

管工事検定試験（重要度）★★★☆☆

金属管の腐食は、電位の異なる二極の存在のもとで、イオン溶出および電子の移動を伴う電池作用が発生することによるものがほとんどです。その他にも**潰食**（かいしょく）と呼び、高速で移動する管内の気泡などの衝突による機械的な腐食もあります。ここでは、埋設管の防食について理解しましょう。

土中埋設管の防食

異なる性質の土壌にまたがって埋設される場合や、土中から鉄筋コンクリート造の建築物への引込み部で、鉄筋に接触した場合など、アノード（相対的に自然電位の卑な部分・陽極部）とカソード（貴な部分・陰極部）が腐食電池を形成します。このとき、土壌が大きさを持っているので、巨視的電池（マクロセル）となるため、陰極部の腐食が促進されるものを**マクロセル腐食**と呼びます。腐食速度は、陰極部面積／陽極部面積の比にほぼ比例します。

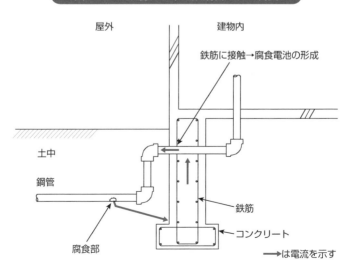

図2.22　鉄筋と土中埋設鋼管による腐食

2-5 配管の防食

　マクロセル腐食を防ぐため、土中埋設する鋼管には防食テープを巻きます。防食テープには、ペトロラタム系とブチルゴム系があり、いずれも隙間ができないよう、1/2重ね（ハーフラップ）巻きを行い、埋設時も防食材を傷つけないよう配慮が必要となります。また建物引込み部での鉄筋との接触だけでなく支持金物などにより導通することを避けるため、引込み部には絶縁継手を設け、縁を切ることも重要です。

　電気防食（陰極防食法） と呼ばれる、土中などの電解質中に、配管材よりもアルミニウム、亜鉛、マグネシウムのようなイオン化傾向の大きい金属を接続し、両者間の電位差を利用して、被防食体に防食電流を流す方式もあります。

　鉄道などの電気設備から漏れた電流を**迷走電流**といいますが、これが土中埋設管に流れ込むと、腐食の原因となり、この腐食を**電食**と呼んでいます。近隣に鉄道などがあり、迷走電流の恐れがある場合、埋設管を極力硬質塩化ビニル管などの樹脂管にすることの検討も必要です。

コンクリート埋設管の防食

　コンクリート埋設管（図2.23）は、土中と同様の防食を施すと共に、配管の熱伸縮による応力集中を避けるため、厚さ10mm程度の吸水率の低い独立気泡の高発泡断熱材などを巻きます。

図2.23　コンクリート埋設の施工例

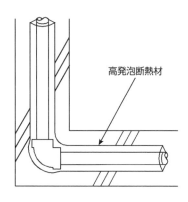

Chapter

3

共通工事　ダクト

　　空調された空気を送る、戻すあるいは換気す
る空気を外へ排出する、このように空気を所定
の場所に送るものがダクトです。ダクトは通す
風量に応じてサイズ（寸法）を決めます。通常は
天井内に設置されていますので、目にすること
が少ないですが、空気が漏れないようダクト同
士、あるいは機器や吹出し口と接続をしなけれ
ばなりません。さらには、しっかりと固定して地
震などにより大きく揺れ、落下して二次災害が
起こらないようすることも重要です。

3-1 ダクト材料と特徴

管工事検定試験（重要度）★★★☆☆

ダクトは亜鉛鉄板、グラスウール、ステンレス鋼板、ガルバリウム鋼板、塩ビ板などで制作されます。材料は搬送する空気の質により使い分けられます。ダクト内の圧力により低圧ダクトと高圧ダクトに分けられますが、ここでは内圧±500Pa以内の低圧ダクトについて理解しましょう。

ダクトの種類

ダクトの形状は矩形（長方形）ダクト、円形ダクト、楕円形のオーバルダクトに分けられます。

矩形ダクトと円形ダクトの使い分けには決まりはありませんが、一般的には風量が多い場合には矩形とし、円形300φで処理できる風量であれば円形を使用することが多いです。これは円形ダクトのほうが矩形ダクトに比べて施工性が良いことが理由になっています。

用途と用法

ダクトは、空調の給気（吹出し）、還気（吸込み）、換気および排煙のために使用されます。空調の場合は空調機から吹出し口へ、そして吸込み口から空調機へのもどりです。図3.1に空調に使用される例を示します。

図3.1　空調に使用される例

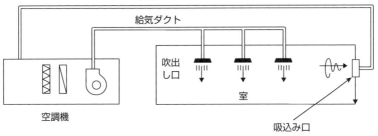

換気は室内の空気を入れ替えるために、外気を室内まで取り入れ、室内の空気を外部へ排気します。図3.2に換気に使用される例を示します。

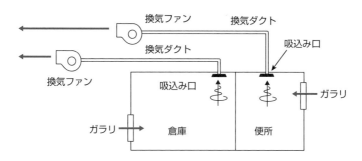

図3.2　換気に使用される例

　換気で使われる場合、その排気する内容により材質や工法が違ってきます。通常は亜鉛鉄板が用いられます。厨房排気や浴室排気などは油分や水蒸気による腐食を避ける場合には、ステンレス鋼板が使用されます。また、実験排気などには塩ビ板、あるいは塩ビで内部コーティングされたダクトを使用します。

　厨房などの排気は油分を含んでいますので、空気が途中継ぎ目から漏れないよう接続し、さらに排気温度も高いのでダクト周囲に断熱を施して外部へ排気を行います。排煙は火災時に発生した煙を外部に排出し人の避難の妨げにならないようにします。図3.3に排煙に使用される例を示します。

3-1 ダクト材料と特徴

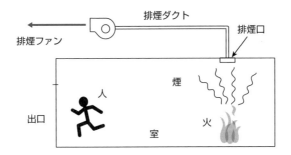

図 3.3 排煙に使用される例

　コンサートホールなど室内騒音に規制がある場合には、グラスウールダクトを使用して、消音を行います。グラスウールダクトは現場での施工性も良いことから、通常のダクトとしても使用されることが多くなってきています。

ダクトの形状と材料

ダクトの形状には矩形（長方形）、スパイラル（円形）があります。材料は、亜鉛鉄板、グラスウール、ステンレス鋼板、ガルバリウム鋼板などが使用されます。空調設備、換気設備、排煙設備の空気の搬送に使われます。

3-2 ダクトの制作と接続方法

管工事検定試験（重要度）★★★☆☆

ダクトは通常施工図から制作図を作成し、工場で制作されて現場に持ち込まれます。そして現場でダクト同士、機器、吹出し口、吸込み口との接続を行います。ここではその接続方法を理解しましょう。

矩形ダクトの制作と接続方法

矩形ダクトに使用される亜鉛鉄板ダクトの施工法には、アングルフランジ工法、コーナーボルト工法があります。コーナーボルト工法には、共板フランジ工法とスライドオンフランジ工法があります。

●アングルフランジ工法

・板厚

ダクトに通す空気の量つまり風量によりダクト寸法を決めます。その寸法により使用するダクトの板厚が決まります。表3.1に低圧ダクトの板厚を示します。排煙ダクトおよび厨房排気ダクトの板厚は低圧ダクトとは異なります。

▼表3.1　低圧ダクトの板厚　　　　　　　　　　　　　（単位：mm）

ダクトの長辺	適用表示板厚
450以下	0.5
450を超え750以下	0.6
750を超え1,500以下	0.8
1,500を超え2,200以下	1.0
2,200を超えるもの	1.2

出展：1級・2級施工管理技士　管工事施工管理技術テキスト改訂版8、技術編、(一財)地域開発研究所

3
共通工事　ダクト

3-2 ダクトの制作と接続方法

- 継目

　ダクトの強度を保持するために、ダクトのかどの継目は原則2か所以上とします。ただし、長辺寸法が750mm以下の場合は1か所以上としてもかまいません。

　継目にはピッツバーグはぜ、ボタンパンチスナップはぜ、内部甲はぜがあります。ピッツバーグはぜは、ダクトをつくるために鉄板をコーナーで接続するはぜとして使用されます。はぜ折機によって加工したはぜに直角に折った鉄板を差し込み、はぜを鉄板に沿って折り返します。図3.4にダクトの角の継目位置による接続法を示します。

図3.4　ダクトの角の継目位置による接続法

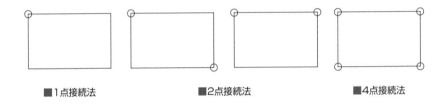

■1点接続法　　　■2点接続法　　　■4点接続法

矩形ダクトの接続

矩形ダクトの接続は最近では共板フランジ工法が多くなっています。空気の漏洩がない様、シールと確実な締め付けが必要です。振動や騒音の発生を防ぐための補強も必要となる場合があります。

ボタンパンチはぜは、付加的な折り返しを必要としないため、組立てが簡単です。内部甲はぜは標準の板で板取りできないものの継目に用いられます。図3.5にダクトの継目の構造を示します。

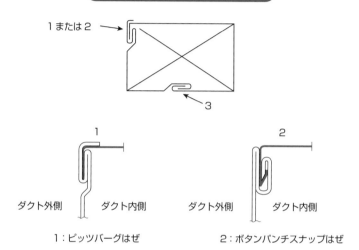

図3.5 ダクトの継目の構造

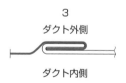

3-2 ダクトの制作と接続方法

・接続

　接続はアングルを溶接加工したフランジで行います。接続フランジとダクト隅部は、空気漏れの原因となるので、ダクトの折返しに注意し、製作後にシーラー（半透明のシリコン性樹脂）などを用いて隙間を塞ぎます。

①折返し幅は5mm以上とします。
②フランジの外周は、危険防止のためにかどを落とします。
③フランジの継箇所は四隅とします。
④フランジ接合面の溶接部はグラインダーなどで平滑に仕上げ、必要な穴あけ加工を施します。
⑤フランジの接合には、フランジ幅と同一のガスケットを使用し、ボルトは均等に締め付けます。

　フランジ継目を図3.6に示します。また、低圧ダクトのアングルフランジ工法の接合材料を表3.2に示します。

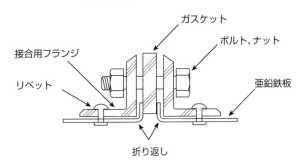

図 3.6　フランジ継目

▼表3.2　低圧ダクトアングルフランジ工法の接合材料　　　　　　　　　単位：mm

ダクトの長辺	接合用フランジ 山形鋼最小寸法	接合用フランジ 最大間隔	フランジ取付け用リベット 最小呼び径	フランジ取付け用リベット リベット最大間隔	接合用ボルト 最小呼び径	接合用ボルト 最大間隔 コーナー	接合用ボルト 最大間隔 コーナー以外
750以下	25×25×3	3,640	4.5	65	M8	100	150
750を超え1,500以下	30×30×3	2,730	4.5	65	M8	100	150
1,500を超え2,200以下	40×40×3	1,820	4.5	65	M8	100	150
2,200を超えるもの	40×40×5	1,820	4.5	65	M8	100	150

備考　1. フランジ中央部ボルト間隔は対称とする。
　　　2. リベットの他にスポット溶接としてよい。間隔は100mm以内とする。
　　　3. 接合用ボルトの径について、十分なフランジのへりあき寸法を確保できるボルト径以下であること。

• シール

　空気の漏洩防止、雨水の浸入防止のために、シール材としてシリコンゴム系またはニトリルゴム系、ブチルゴム系、クロロプレン系、変成シリコンゴム系を基材とします。図3.7にダクト隅部の施工要領を示します。

図3.7　ダクト隅部

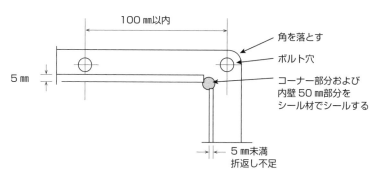

出典：機械設備工事監理指針 平成28年版、国土交通省大臣官房官庁営繕部監修、(一社) 公共建築協会編集・発行

3-2 ダクトの制作と接続方法

シールの方法はシールする部位により次のように呼ばれています。

①**Nシール**：ダクト接合部のダクト折返しの四隅部をシールします（コーナーボル
ト工法ではコーナー金物とフランジ部）。
②**Aシール**：ダクト縦方向のはぜ部をシールします。
③**Bシール**：ダクト接合部をシールします。
④**Cシール**：ダクト組立構成材、補強材などの部品であるリベット、ボルト、タイ
ロッドなどがダクトを貫通する部分をシールします。厨房、浴室など
の多湿箇所の排気ダクトはNシール＋Aシール＋Bシールとします。

・補強

ダクト内気流による振動・騒音の発生防止、内外圧による変形、破損の防止の為
補強が必要になります。補強はリブ補強、形鋼、タイロッドなどで行います。

①**リブ補強**：ダクトの板振動による騒音を防止するため、長辺が450mmを超える
保温を施さないダクトには、間隔300mm以下のピッチで補強リブを
入れます。
②**形鋼補強**：大型ダクトの補強方法として採用されている中間補強方法です。ダク
トの長手方向に対して直角に行う横方向と並行に行う縦方向の補強が
あります。山形鋼の取付けは呼び径4.5mm以上のリベットまたは電
気点溶接とし、そのピッチは100mm以下とします。

図3.8にリブ補強と形鋼補強を示します。図3.9にタイロッドによる補強の例を
示します。

図 3.8 リブ補強および形鋼補強

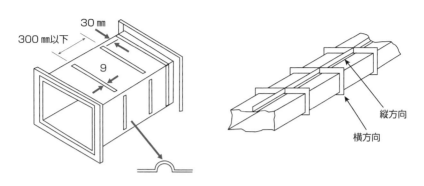

出典：1級・2級施工管理技士　管工事施工管理技術テキスト（改訂第8版）技術編、(一財) 地域開発研究所

図 3.9　タイロッド補強

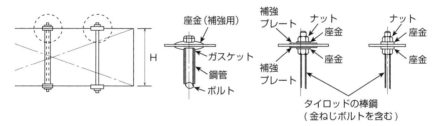

■鋼板製長方形ダクトのタイロッド補強例
（単独使用の場合）

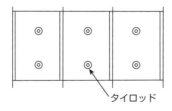

■鋼板製長方形ダクトの山形鋼と
タイロッドによる補強例

出典：1級・2級施工管理技士　管工事施工管理技術テキスト（改訂第8版）技術編、(一財) 地域開発研究所

3-2 ダクトの制作と接続方法

●コーナーボルト工法

　共板フランジ工法とスライドオンフランジ工法があります。

・共板フランジ工法

　共板フランジ工法は次のように行います。

①ダクト本体をダクトメーカーが加工機で成型加工してフランジにします。
②ダクトとフランジが一体で組み立て時にコーナー金具を取り付けます。
③四隅のボルト、ナットと専用のフランジ押させ金具のクリップで接続します。

図3.10　共板フランジ工法

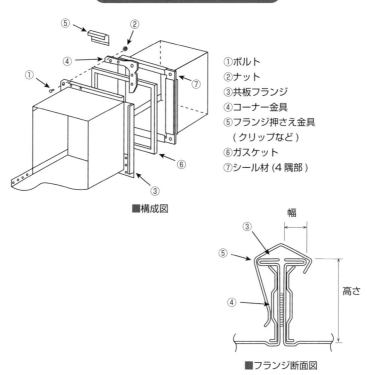

①ボルト
②ナット
③共板フランジ
④コーナー金具
⑤フランジ押さえ金具
　（クリップなど）
⑥ガスケット
⑦シール材（4隅部）

■構成図

■フランジ断面図

出典：1級・2級施工管理技士　管工事施工管理技術テキスト（改訂第8版）技術編、(一財) 地域開発研究所

・スライドオンフランジ工法
　本工法は次のように行います。

①鋼板を成形加工してフランジにします。
②フランジをダクトに差し込み、スポット溶接します。
③四隅のボルト、ナットと専用フランジ押さえ金具のクリップで接続します。

図3.11　スライドオンフランジ工法

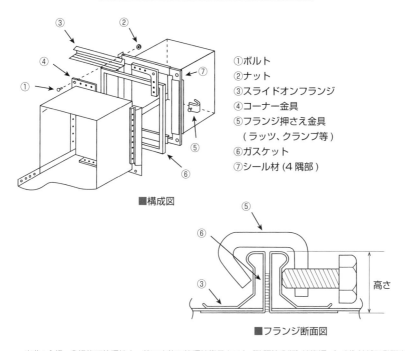

出典：1級・2級施工管理技士　管工事施工管理技術テキスト（改訂第8版）技術編、(一財)地域開発研究所

3-2 ダクトの制作と接続方法

円形ダクトの接続方法

　円形ダクトは帯状の亜鉛鉄板を機械でスパイラル（螺旋）状に甲はぜ掛け巻きした**スパイラルダクト**と、亜鉛鉄板を丸めて製作した**丸ダクト**があります。ここではスパイラルダクトについて説明します。

●差し込み接続

　差込継手を直管に差し込む前に、継手および直管の両端のへこみ、あるいは折れ曲がりなどがなく、安全な円形であることを確認します。継手の外面にシール材を塗布し、鋼製ビスを150φ以下は片側3本、150φを超えるものは片側4本以上で止め、その上をダクト用テープで差し込み長さ以上の外周二重まきとします。

●フランジ接続

　一般には径600mm以上に採用されます。

●フレキシブルダクト

　鋼線などをスパイラル状に巻き、耐圧強度を持ったものとします。空調用では断熱材付フレキシブルダクトがあります。差し込み継手接合の例を図3.12に示します。図3.13にフランジ継手接合の例を示します。スパイラルダクトの直管および継手の名称を、断熱材付フレキシブルダクトの例を図3.14に示します。

図 3.12　差し込み継手接合

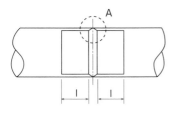
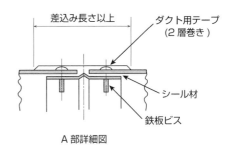

A 部詳細図

図 3.13　フランジ継手接合

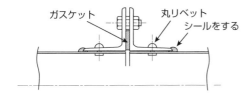
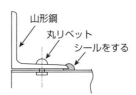

■フランジ部に折り返しがない場合の例

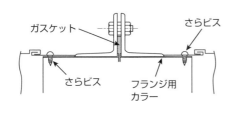
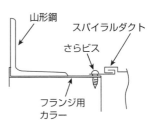

■フランジ用カラーによる接合の例

3-2 ダクトの制作と接続方法

図3.14 スパイラルダクトとフレキシブルダクト

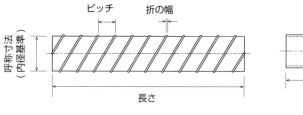

■スパイラルダクトの直管

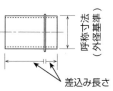

■スパイラルダクトの継手

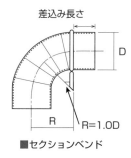

■セクションベンド

○銅線、塩化ビニルフィルム、グラスウール、
　塩化ビニルジャケット
○温度：60℃
○径　：100〜400Φ

グラスウールダクトの接続方法

- 材料

　グラスウールダクトの板厚は25mm以上、密度60kg/㎡以上で内面飛散防止処理、外面ガラス系補強のアルミ箔で被覆したものを使用します。

- 継目

　スリップジョイント切込み、またはV形切込みを行い、切り口面に飛散防止用の接着剤を塗布して組み立てます。

- 接続

　接合部は接着材を塗布して接続し、外周部にアルミ粘着テープを張り、加熱してシールします。グラスウールダクトの接続例を図3.15に示します。

図3.15　グラスウールダクトの接続例

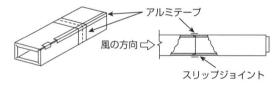

■長方形グラスウールダクトの接続

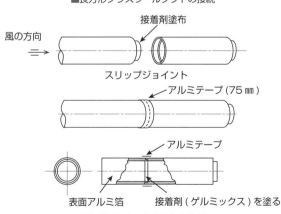

■丸グラスウールダクトの接続

出典：1級・2級施工管理技士　管工事施工管理技術テキスト（改訂第8版）技術編、（一財）地域開発研究所

3-3 ダクト付属品

管工事検定試験（重要度）★★★★☆

ダクトに取り付けるものとして、フード、ガラリ、吹出し口、吸込み口、排煙口、ダンパ、風量測定口などがあります。

ダンパ類

ダンパにはダクト内を通過する風量を調節するためのものと、空気の通過を遮断するためのものがあります。

●風量調整ダンパ（VD）

風量調整を行うためや、ダクト系の抵抗損失の不ぞろいに対する微調整、風量変更や一部の閉止などに使用されます。

●防火・防煙ダンパ（FD・SFD）

防火ダンパは建物の防火区画の貫通部に取り付け、空気の通過を遮断します。温度ヒューズ形防火ダンパの溶解（作動）温度は72℃、厨房排気系統は120℃、排煙用は280℃とします。ダンパの種類と取り付け位置を表3.3に示します。

ダクト付属品 **3-3**

▼表3.3　ダンパの種類と取付け位置

ダンパの種類		主な使用目的	主な取付け位置	操作源	法的規制
風量調整 ダンパVD		・風量調整用 ・切換え運転用 ・静圧調整用	・送風機、空調器の吐出し側 　および吸込み側 ・分岐ダクトで風量調整を必 　要とする箇所 ・ダクト系で切り替えて使用 　するような箇所	手動	―
モータ ダンパMD		・風量の自動調整用 ・切換え運転の自動化 ・逆流防止用	・外気量制限を行う空調器等 　の外気ダクト ・自動的に切り替えて使用す 　るダクト ・共通シャフト等で逆流防止 　をする必要のある箇所	電気または空気	―
チャッキ ダンパCD		・逆流防止用	・共通シャフト等で逆流防止 　をする必要のある箇所 ・大口径のときは圧力損失を 　チェックする	自力式（一方の流れ 方向に対しては気流 圧力にて開くが、逆方 向へは開かない）	―
防火ダンパ	温度 ヒューズ 式FD HFD （排煙用）	・火災がダクトを通し 　て他の部屋に延焼す 　るのを防ぐ	・防火区画を貫通するダクト ・延焼の恐れのある部分にある 　外壁開口部 ・厨房用排気ダクトで火を使用 　するもののフード近辺	ダクト内気流が72℃ 以上になるとヒューズ が溶けて自動的に羽 根が閉じる（HFDは 280℃）	建基法施行 令第112 条第16項
	煙感知式 連動式 SD	・火災時煙がダクトを 　通して上層階に回る 　のを防ぐ ・FDを兼用する場合は 　SFDとなる	・2以上の階にわたるダクト 　の防火区画貫通箇所で次の 　部分 　①貫通ダクトがスラブを貫 　　通する箇所 　②シャフト内の貫通ダクト 　　に枝ダクトが接続する箇 　　所 　③竪穴区画を貫通するダク 　　ト	煙感知器よりの信号 でダンパを電気式ま たは空気式にて閉鎖 させる	建設省告示 昭和48年 2565号
	熱感知器 連動式 HFD	・火災がダクトを通し 　て他の部屋に延焼す 　るのを防ぐ	・防火区画を貫通するダクト ・延焼の恐れのある部分にあ 　る外壁開口部	煙感知器よりの信号 でダンパを電気式ま たは空気式にて閉鎖 させる	建基法施行 令第112 号第16項
ガス圧作動 ダンパ GD		・ハロゲン化物消火ま 　たは不活性ガス消火 　を行う部屋で、消火 　時ダクトを通して消 　火用ガスが漏れ、消 　化作用が低下するの 　を防ぐ	・ハロゲン化物消火または不 　活性ガス消火を行う部屋 　（電気室、電算機室、駐車 　場、原綿倉庫ゴム類貯蔵所 　等）	感知器連動遠隔操作 または主導で消火用 ガスボンベを開放す ると、そのガス圧でダ ンパが閉鎖する	消防法施行 令第16条 第17条

ダンパの構造を図3.16に、防火区画貫通処理の例を図3.17に示します。

3-3 ダクト付属品

図 3.16 ダンパの構造

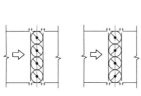

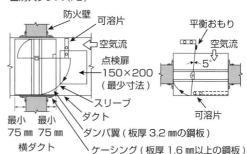

図 3.17 防火区画貫通処理

制気口類

　吹出し口、吸込み口を**制気口**と呼びます。取付け枠、シャッターケースなどは鋼板製ですが、室内にあらわれる部分は、鋼板製、アルミ製があります。図3.18にノズル、図3.19にアネモ、図3.20に線状吹出し口、図3.21に面状吹出しグリル、図3.22に床吹出し口を示します。

●点吹出し口
ノズル　到達距離が大きいので、大空間の後壁に用いられます。騒音の心配がないので放送局のスタジオによく用いられます（図3.18）。
パンカルーパ　吹出し気流の性状はノズルと同様ですが、首が振れるようになっており、吹出し気流の方向を変えられます。
アネモスタット形　数層に別れたコーンから放射状に吹き出すもので、優れた誘導拡散性能を持ちます。アネモスタット形は特に天井高さの低い室に適します（図3.19）。
パン形　首部分から吹き出した気流が板にあたって水平に吹き出します。構造が簡単なので価格は安いですが、全方向一様に吹き出すので風向き調整が難しいです。

●線状吹出し口（図3.20）
スロット・照明器具スロット形　縦横比が大きく、全体として細隙状の形をしています。側壁や窓に沿って天井や窓台（ペリメータ）に取り付けられますが、あまり目立たないのでデザインの点からは好まれます。
ライン型　スロット形式ですが、建築天井材として一体化しています。吹出し口の位置が自在に変更できます。

●面状吹出し口（図3.21）
多孔板　自由面積比が小さいので、大きな吹出し口面積が必要になります。
格子板　固定羽根（グリル）は、羽根が固定されているので一般には吸込み用に用います。可動羽根（ユニバーサル）は、羽線の角度の変更で、自由に到達距離や降下度を調整できるので、一般には吹出し用に用います。

3-3 ダクト付属品

図 3.18　ノズル

図 3.19　アネモ

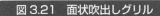

図 3.20　線状吹出し口

図 3.21　面状吹出しグリル

図 3.22　床吹き出し口

フード、ウェザーカバー、ベントキャップ類

●フード
　厨房用器具の排気フードの寸法は、火を使用する器具の幅および奥行きの寸法以上とします。油脂を含む蒸気を排気するフードは、着脱容易なグリスフィルターを設けます。材質はステンレス製が一般的です。

●ウェザーカバー
　壁付け換気扇や有圧扇などを取り付ける開口部には、雨の侵入を防ぐために覆いとなるウェザーカバーを外壁部に取り付けます。材質は鋼板製やステンレス製ですが、耐久性に優れているステンレス製が多く採用されています。

●ベントキャップ
　スパイラルダクトによる外気取り入れや、排気のための外壁開口部にはベントキャップを取り付けます。鋼板製、ステンレス製、アルミ製がありますがステンレス製多く採用されています。

点検口・風量測定、圧力計

　ダクトやチャンバボックス内の点検をするために点検口を設けます。点検口は空気が漏洩しない構造とし、風量測定を行うためにダクトに風量測定口を設けます。

ダンパ
風量を調整し、あるいは火災時に遮断するためにダンパが必要となります。室内温度分布や気流を考慮した吹出し口や、効率よく換気（排煙）を行うための吸込み口があります。

3-4 ダクトの支持方法

管工事検定試験（重要度）★★★★★

ダクトを支持するための支持や振れ止め支持方法について理解しましょう。

目的

ダクトの落下防止を防ぐために適切な間隔でダクトを支持してつる必要があり、地震などの揺れによる落下防止のために振れ止めも必要となります。さらに、振動や騒音を嫌う建物では室内に振動を伝えないための防振吊も必要となります。

ダクトの支持・固定

ダクトの吊は形鋼と吊り用ボルトを使用し、ダクト長辺の寸法によって吊り金物の寸法を決定します。横走り主ダクトには12m以下ごとに振止めを施します。

横走りダクトの吊り間隔は3,640mm以下とします。また、立てダクトは各階1箇所以上に振れ止め支持を行います。横走りダクトの吊り・形鋼振れ止め支持の例を図3.23に示します。

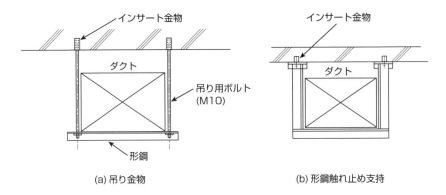

図3.23　ダクトの吊り・形鋼振れ止め支持

(a) 吊り金物　　　(b) 形鋼触れ止め支持

ダクトの支持方法 3-4

　横走りダクトの吊りは、ダクトの長辺の寸法によって表3.5を目安とします。円形ダクトの吊りの例を図3.24に示します。

▼表3.5　ダクトの吊り金物　　　　　　　　　　　　　　　　　　　　（単位：mm）

ダクトの長辺	山形鋼寸法	棒鋼・吊り用ボルト
750以下	25×25×3	M10または呼び径9
750を超え1500以下	30×30×3	
1500を超え2200以下	40×40×3	
2200を超えるもの	40×40×5	

注　ダクトの周長が3000mmを超える場合の棒鋼呼び径は強度を確認のうえ使用する。

出典：1級・2級施工管理技士　管工事施工管理技術テキスト（改訂第8版）技術編、(一財)地域開発研究所

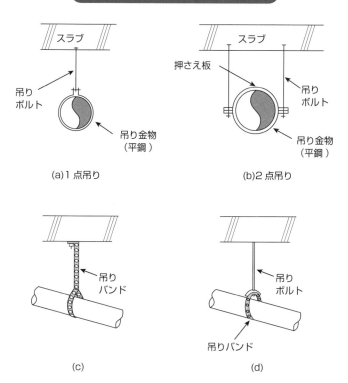

図3.24　円形ダクトの吊りの例

3-4 ダクトの支持方法

防振・耐震支持

振動が吊ボルトなどを介して他に伝わり共振させ、または音を発するような場合は防振吊・支持を行います。防振吊金物は、吊ボルトの中間に防振ゴムを介し、ダブルナットで締め付けます。

防振ゴムは、防振ゴムに掛かる過剰を基準にして製造者の選定図により決定します。なお、直管部が長い場合には、曲がり部と直管部で剛性が確保できるよう2か所以上の振れとめを行います。振動、騒音を嫌う建物では図3.25に示す防振対策を検討します。

図3.25 防振対策の例

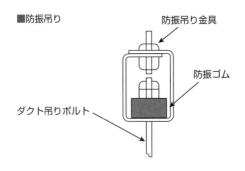

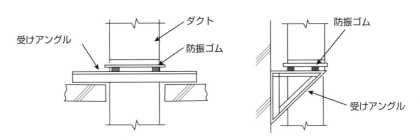

3-5 ダクトと機器の接続

管工事検定試験（重要度）★★★★★

ダクトは機器と制気口あるいは外壁ガラリとを繋いで空気の流通を行います。機器や制気口との接続方法について理解しましょう。

機器との接続

　送風機と矩形ダクトとの接続にはたわみ継手を使用します。たわみ継手は、繊維系クロスの片面に漏れ防止用のアルミニウム泊等を張ったものを二重にしたもので不燃性能を有したものです。

　送風機の吹出し口直後での曲がり部の方向は、出来るだけ送風機の回転方向に逆らわない方向とします。送風機と吐出口直後での曲がりは、局部までの距離を羽根径の1.5倍以上とします。また、急激な曲がりは避けるようにします。

　送風機の吹出し口とダクトを接続する場合は、吹出し口断面からダクト断面への急激な変形を避け、傾斜角15度以内の漸拡大とします。

　送風機の軸方法に直角に接続される吸込みダクトの幅は、吸込み口径の1.25倍以上とし、接続は吸込み口に対して縮流を生じないよう緩やかにします。たわみ継ぎ手の間隔を図3.26に示します。

図3.26　たわみ継手間隔の目安

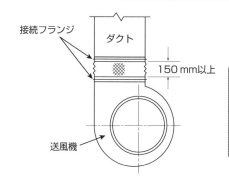

たわみ継手のフランジ間隔

ファンの番手	間隔(mm)
#1〜3	150
#4〜5	200
#6〜7	250

3-5 ダクトと機器の接続

制気口類との接続

●シーリングディフューザー形およびパン形との接続

　ボックス、羽子板またはフレキシブルダクトを使用して接続します。ボックスや羽子板は必ず吊り金物で支持をとります。図3.27に吹出し口ボックスの構造例を、図3.28にシーリングディフューザー形の吹出し口と接続例を示します。

図3.27　吹出し口ボックスの構造例

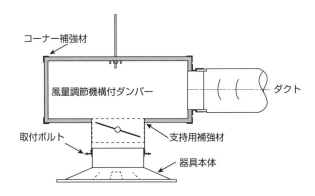

ダクトの振動

ダクトが振動しないよう規定の間隔で堅固に取り付ける必要があります。地震時にダクトが落下しないよう振止めを行います。特に振動や騒音を嫌う施設では防振吊りを行います。

機器振動

機器との接続には機器振動が伝播しないように、継手を用います。吹出し口や吸込み口との接続にはフレキシブルダクトを使用することが多いです。

図 3.28　シーリングディフューザー形吹出し口との接続の例

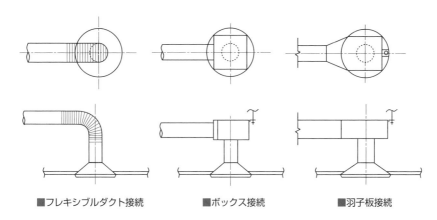

■フレキシブルダクト接続　　■ボックス接続　　■羽子板接続

● 線形との接続

吹出し口の風速が均等になる様、吹出し方向に深いチャンバーボックスを使用して接続します。線状吹き出し口の接続例を図 3.29 に示します。

図 3.29　線状吹出し口との接続の例

■側面吹込みダクトの吹出し口取付け例

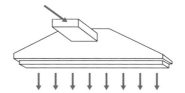

3-5 ダクトと機器の接続

memo

Chapter

4

共通工事
保温・塗装

　保温とは、流体つまり空気や水の温度を保つ
ために必要なことです。また、防露という言葉が
ありますが、これは流体を通すダクトや配管あ
るいは機器の表面温度とその周囲空気の温度差
による結露が発生しないようにすることです。
本章では、保温、防露、塗装の施工について理解
しましょう。

4-1 保温の目的

管工事検定試験（重要度）★★★★☆

空調・給排水衛生設備の配管、ダクト、機器などは、保温・保冷、防露、防凍、防熱などの目的で保温材の被覆を行います。

目的

空調給気ダクト、冷温水管、給湯管はその空気や冷温水の温度変化を防ぐために保温（保冷）工事を行います。

給水管、排水管、外気取入れダクトは、その表面に結露が生じないように防露工事を行います。排煙ダクトや厨房排気ダクトのように流体温度が高いために、周囲の建築材料やその他材料に対して熱的影響を与えないように断熱（防熱）工事を行います。

また、屋外露出となる給水管、消火管などは冬季に凍結を防ぐために保温（防凍）工事を行います。これらの保温、防露、断熱、防凍工事を**保温工事**と呼びます。

保温が必要な場所

保温が必要となる場所は、配管内水温やダクト内空気温度とその配管やダクトが設置される周囲温度と差があります。水温や空気温度に影響を与えたり、配管やダクト表面に結露を生じたり、あるいは蒸気や厨房排気、排煙のように流体温度が高く、逆に周囲の可燃性の材料に対して影響を及ぼすところに保温が必要となります。

つまり、建物内露出部、天井内隠蔽部、機械室内、屋外露出部に設置される配管ダクトの類です。ただし、ピット内や地中については、一般的に保温を施しません。管、継手および弁類の施工種別、施工箇所を表4.1に示します

保温の目的 4-1

▼表4.1　管、継手および弁類の施工種類別、施工箇所

施工種別	施工箇所	温水管(膨張管を含む)		蒸気管(往管)		冷水・冷温水管(膨張管を含む)		冷媒管		給水管		排水管ドレン管(分岐点より100mm以下の通気管を含む)		給湯管(膨張管を含む)		参考
		管	弁およびフランジ	管	弁およびフランジ	管	弁およびフランジ	管	弁およびフランジ	管	弁およびフランジ	管	弁およびフランジ	管	弁およびフランジ	
A_1 a_1	屋内露出(一般居室、廊下)	○	−	○	−	○	○	○	○	○	○	○	○	○	−	便所、湯沸室、階段室、エレベーターホール、ロビー等
B b	機械室、倉庫、書庫	○	−	○	○	○	○	○	○	○	○	○	○	○	−	水槽室、電気室、屋内駐車場等
C_1 C_2 c_2	天井内、パイプシャフト内および空隙壁中	○	−	○	○	○	○	○	○	○	○	○	○	○	−	厨房天井内
D_2 d_2	暗渠内(ピット内含む)	○	−	○	○	○	○	○	○	○	○	×	×	○	−	
E_2 e_2	屋外露出(バルコニー、開放廊下含む)	○	−	○	○	○	○	○	○	○	○	×	×	○	−	ドライエリア等
	浴室、厨房などの多湿箇所(厨房の天井内は含まない)	○	−	○	○	○	○	○	○	○	○	○	○	○	○	浴室、天井内等
特記	共同溝															

注1：○印は施工する。×印は施工不要。−は特記による。　2：共同溝内の配管は、特記による。−は特記により施工種別が決められる。

出典：機械設備工事監理指針 平成28年版 国土交通省大臣官房官庁営繕部監修、(一社)公共建築協会編集・発行

4 共通工事保温・塗装

4-2 保温材の種類と特徴

管工事検定試験（重要度）★★★☆☆

保温材には、数多くの種類がありますが、ここでは一般的に使われているグラスウール、ロックウール、ポリスチレンフォームについて理解しましょう。

保温材の種類と特徴

グラスウールおよびロックウールは人造鉱物繊維保温材です。ポリスチレンフォームは発砲プラスチック保温材の発泡剤に炭化水素、炭酸ガスを用いたA種ビーズ法ポリスチレンフォームです。

それぞれ、使用温度条件、湿度適正、防湿性、耐炎性が異なるため、使用用途により使い分ける必要があります。保温材の適用を表4.2に示します。

▼表4.2　保温材の適用

保温材の種類	使用温度上限（目安）		温度適正			防湿性	耐炎性
			低温	常温	高温		
ロックウール保温材	保温板、保温帯、保温筒、ブランケット	600℃	－	◎	◎	△	◎
	フェルト	400℃					○
グラスウール保温材		350℃	－	◎	○	△	○
A種ビーズ法ポリスチレンフォーム保温材	保温板 保温筒	80℃ 70℃	◎	◎	－	◎	－

※上記各項目について、◎は最良（使用に最適）、○は良（使用可能）、△はやや不適（防湿性のある補助材または外装材と共に使用する必要がある）、－は不適（使用不能）を表す。特に、防火区画貫通部のように不燃性だけでなく、耐炎性を要求される箇所にはロックウール保温材を使用する。

用法や用途との関係性

　保温材の形状は板状、帯状、筒状のものです。保温板は空調、換気、排煙の長方形ダクトおよびタンク類の保温に使用されます。保温体はスパイラルダクトに使用されます。保温筒は配管に使用されます。

　ロックウールは使用温度上限が高いのですべての部位で使用され、特に、排煙ダクトや煙道の断熱、さらに防火区画貫通処理材として使用されます。グラスウールもロックウールと同様ですが、排煙ダクト、煙道の断熱や防火区画貫通処理には使用できません。ポリスチレンフォームは、防湿性に優れていることから多湿箇所での配管の保温に使用されますが、使用温度上限が高くないことから、給湯、温水、蒸気の配管の保温には使用できません。

保温材の選定
保温材料はグラスウールが最も多く使用されています。保温材は使用される温度条件により材料を選定します。防火区画貫通にはロックウールが使用されます。

4-2 保温材の種類と特徴

ダクトの保温

ダクトの保温は施工箇所により異なります。その一例を表4.3に示します。

▼表4.3　長方形ダクトの施工箇所の材料および施工順

種別、施工箇所	材料および施工順序	施工例	概要
I 機械室、書庫、倉庫、屋内隠ぺい、ダクトシャフト内	1.鋲（必要により） 2.ALRBまたはALGB 3.ALテープ（重ね幅30mm）	鋲　ALRBまたはALRG　長方形ダクト　ALテープ ALRBまたはALGB　鋲　長方形ダクト　ALテープ	・保温厚さ ・上図は保温厚さ25mmでフランジ部は重ね巻きの標準の場合。 ・下図は保温厚さをフランジ高さ＋10mm以上の40mm以上とした一層保温の場合。
J₂ 屋内露出（一般居室、廊下）	1.鋲 2.RBまたはGB 3.カラー亜鉛鉄板（厚さ0.35mm）	カラー亜鉛鉄板　鋲　RBまたはGB　長方形ダクト	
K₃ 屋外露出（バルコニー、開放廊下を含む）および浴室、厨房などの多湿箇所（厨房の天井内は含まない）。	1.鋲 2.RBまたはGB 3.ポリエチレンフィルム（重ね幅30mm以上で二重巻き） 4.鉄線（必要により鋼枠） 5.ステンレス鋼板（SUS304 厚さ0.3mm以上No.2B、またはNo.2D）	ステンレス鋼板　差込みはぜ　ポリエチレンフィルム　鉄線　RBまたはGB　長方形ダクト　鋲　鋼わく（必要に応じて） 保温材RまたはG　保温厚50㎜	

出典：機械設備工事監理指針平成28年版、国土交通省大臣官房官庁営繕部監修、（一社）公共建築協会編集・発行

配管の保温

配管の保温は施工箇所や流体により異なります。その一例を表4.4に示します。

▼表4.4 各施工箇所の材料および施工順序（1/2）

施工種別 参考使用区分	材料および施工順序	施工例	備考
A_1およびa_1 屋内露出 （一般居室、廊下）	1. RまたはG保温筒 2. 鉄線（保温筒1本につき2か所以上2巻き締め） 3. ポリエチレンフィルム（1/2重ね巻き） 4. 合成樹脂製カバー1（重ね幅25mm以上。合わせ目は150mm以下のピッチで樹脂製カバー用ピン止め）（エルボ部は合成樹脂製エルボを取付け）	RまたはG保温筒／合成樹脂製カバー／管／鉄線／ポリエチレンフィルム	a 温、蒸、給、排、湯の場合は3.を除く。 b 媒で保温化粧ケースを使用する場合は4.は必要としない。
	1. P保温筒 2. 粘着テープ（合せ目はすべて粘着テープで止め、継目と長さ600mm以上の保温筒の中間を2回巻き） 3. ポリエチレンフィルム（1/2重ね巻き） 4. 合成樹脂製カバー1（重ね幅25mm以上。合わせ目は150mm以下のピッチで樹脂製カバー用ピン止め）（エルボ部は合成樹脂製エルボを取付け）	合成樹脂製カバー／粘着テープ／管／P保温筒／ポリエチレンフィルム	a 温、蒸、媒、湯の場合はP保温筒は使用できない。 b 給、排の場合は、3.を除く。 c ブの場合。
Bおよびb 機械室、倉庫、書庫	1. RまたはG保温筒 2. 鉄線（保温筒1本につき2か所以上2巻き締め） 3. ポリエチレンフィルム（1/2重ね巻き） 4. 原紙（重ね幅30mm以上）（エルボ部にRまたはG保温材を使用する場合は整形エルボを取付け） 5. アルミガラスクロステープ（重ね幅15mm以上）	RまたはG保温筒／アルミガラスクロス／管／鉄線／原紙／ポリエチレンフィルム	a 温、蒸、給、排、湯の場合は3.を除く。 b 媒で保温化粧ケースを使用する場合は4.および5.は必要としない。

4-2 保温材の種類と特徴

施工種別 参考使用区分	材料および施工順序	施工例	備考
	1. P保温筒 2. 粘着テープ（合せ目はすべて粘着テープで止め、継目と長さ600mm以上の保温筒の中間を2回巻き） 3. ポリエチレンフィルム（1/2重ね巻き） 4. アルミガラスクロステープ（重ね幅15mm以上）		a 温、蒸、媒、湯の場合はP保温筒は使用できない。 b 給、排の場合は、3.を除く。 c 低、ブの場合。
C₁ 天井内、パイプシャフト内および空隙壁中	1. RまたはG保温筒 2. 鉄線（保温筒1本につき2か所以上2巻き締め） 3. ポリエチレンフィルム（1/2重ね巻き） 4. アルミガラスクロステープ（重ね幅15mm以上）		a 冷温、媒の場合。

出典：機械設備工事監理指針平成28年版、国土交通省大臣官房官庁営繕部監修、（一社）公共建築協会編集・発行

▼表4.4　各施工箇所の材料および加工順序（2/2）

施工種別 参考使用区分	材料および施工順序	施工例	備考
C₁ 天井内、パイプシャフト内および空隙壁中	1. P保温筒 2. 粘着テープ（合せ目はすべて粘着テープで止め、継目と長さ600mm以上の保温筒の中間を2回巻き） 3. ポリエチレンフィルム（1/2重ね巻き） 4. アルミガラスクロステープ（重ね幅15mm以上）		a 冷水の場合。 b ブの場合。
C₂およびc₂ 天井内、パイプシャフト内および空隙壁中	1. RまたはGおよびPのアルミガラスクロス化粧保温筒 2. アルミガラスクロス粘着テープ（合わせ目はすべてアルミガラスクロス粘着テープで貼り合わせ、継目と長さ600mm以上の保湿筒の中間を2回巻き）		a 給、排、温、蒸の場合。ただし、温、蒸の場合はPアルミガラスクロス化粧保温筒は使用できない。

保温材の種類と特徴 4-2

Dおよびd 暗渠内 （ピット内含む）	1. RまたはG保温筒 2. 鉄線（保温筒1本につき2か所以上2巻き締め） 3. ポリエチレンフィルム（1/2重ね巻き） 4. 着色アルミガラスクロス（重ね幅15mm以上）	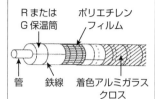	a 給の場合はRおよびG保温筒は使用できない。 b 排の場合は3.を除く。
	1. P保温筒 2. 粘着テープ（合せ目はすべて粘着テープで止め、継目と長さ600mm以上の保温筒の中間を2巻き締め） 3. ポリエチレンフィルム（1/2重ね巻き） 4. 着色アルミガラスクロス（重ね幅15mm以上）	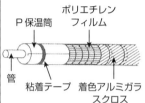	a 給、排、温、蒸の場合。ただし、温、蒸の場合はPアルミガラスクロス化粧保温筒は使用できない。 b 排の場合は施工不要。 c 主に給の施工に適用。 d ブの場合。
E_2およびe_2 屋外露出 （バルコニー、開放廊下含む）および浴室、厨房などの多湿箇所 （厨房の天井内は含まない）	1. RまたはG保温筒 2. 鉄線（保温筒1本につき2か所以上2巻き締め） 3. ポリエチレンフィルム（1/2重ね巻き） 4. ステンレス鋼板（SUS304厚さ0.2mm以上、No.2BまたはNo.2D）	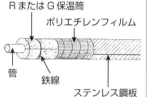	a 給、排の場合はRまたはG保温筒は使用できない。 b 媒で保温化粧ケースを使用する場合は4.5.は必要としない。
	1. P保温筒 2. 粘着テープ（合せ目はすべて粘着テープで止め、継目と長さ600mm以上の保温筒の中間を2回巻き） 3. ポリエチレンフィルム（1/2重ね巻き） 4. ステンレス鋼板（SUS304厚さ0.2mm以上、No.2BまたはNo.2D）	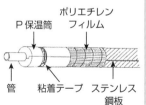	a 温、蒸、媒、湯の場合はP保温筒は使用できない。 b 排の場合は屋外露出は施工不要。 c 主に給の施工に適用。 d ブの場合。

出典：機械設備工事監理指針平成28年版、国土交通省大臣官房官庁営繕部監修、（一社）公共建築協会編集・発行

4-3 塗装工事

管工事検定試験（重要度）★★★★★

配管、ダクトの表面や保温材に保護材を施したその表面あるいは機器表面に塗装を行います、ここでは現場施工の塗装について理解しましょう。

目的

塗装の目的は、配管、ダクトおよび機器の防食、保護および彩色、美観あるいは特殊な性能を与えることです。しかし、最近は配管やダクトの保温材の保護材には樹脂系カバー、アルミガラスクロステープや、ステンレスやカラー鉄板などが多く使用されることから、保温が施されない配管やダクトの防錆処理としての塗装が主となっています。また、機器類や盤類についても防錆表面処理を施された鋼板を使用されることから、塗装は不要となっています。

塗装の施工箇所

塗装が必要となるのは、配管の表面に防錆処理が施されていない配管用炭素鋼鋼管の黒管や支持鋼材などです。また、配管の用途を区別したり色別するために塗装を行うこともあります。特に屋内露出や屋外露出となる部分については、美観状から塗装が必要となる場合もあります。

塗料の種類

塗料には、素地ごしらえ用塗料、下塗り塗料、中塗りおよび上塗り用塗料、防錆塗料があります。

塗装工事 4-3

●素地ごしらえ用塗料（エッチングプライマー）

エッチングプライマー（JIS K 5633:2002）は、亜鉛メッキ面などの素地こしらえにおいて、素地の金属と反応させるためのリン酸、またはリン酸とクロム酸塩顔料を含みます。ビニルブチラール樹脂などのアルコール溶液を主なビヒクルとする液状の塗料で成分を主剤と添加剤に分けた2液性です。

エッチングプライマー1種：塗り付けたあと、数日内に次の塗料を塗り重ね用として、仕上げ材料の付着性を増加させるための塗料です。素地ごしらえ後、そのまま仕上げ塗装する場合の塗料です。

エッチングプライマー2種：塗り付けてから数ヶ月以内に次の塗料を塗り重ねるための仕上げ材料との合成塗料です。工場で素地ごしらえとして塗り、仕上げは現場でする場合の塗料です。

●下塗り用塗料

さび止め塗料には1種と2種があり、1種はビヒクルにボイル油を用い、2種はワニスを用いています。従って2種の方が乾燥は速くなります。

一般用さび止めペイント（JIS K 5621:2008）：一般用さびと止め塗料には、ボイル油を主原料としたもの（1種）、ワニスを主原料としたもの（2種、3種）、水性（4種）があります。
水性（4種）は、電気亜鉛メッキ、およびステンレス・アルミなどの非鉄金属において、水の影響を受けやすい部位および亜鉛メッキ面への直接塗装は避けます。

水系さび止めペイント：水系錆止めペイントの品質はJASS18M-111に規定されています。JASS18M-111に規定されている水系さび止めペイントの耐複合サイクル防食性は一般さび止めペイント1種および2種の耐複合サイクル防食性と同等です。

4

共通工事保温・塗装

鉛・クロムフリーさび止めペイント（JIS K 5674:2008 1種）：鉛の含有量は、塗膜中に0.06％以下、クロム含有量は、塗膜中に0.03％以下であり、JIS K 5625:2002（シアナミド鉛さび止めペイント）から鉛・クロムを排除した塗料で、従来の油性系JISさび止めペイントを置き換えたものではありません。

鉛酸カルシウムさび止めペイント（JIS K 5629:2002）：鉛酸カルシウムとワニスを主原料とし、主として亜鉛メッキ鋼製品の地肌塗りに用います。色は一般に白色をしています。

変性エポキシ樹脂プライマー（JASS 18 M-109）：変性樹脂を添加したエポキシ樹脂と顔料を主成分とする主剤と、ポリアミド樹脂やアミンアダクト樹脂を用いる硬化剤から構成される2液形下塗り塗料です。特に亜鉛メッキ鋼面に対する付着性に優れています。

●中塗りおよび上塗り用塗料
合成樹脂調合ペイント（JIS K 5516:2003）：ペイント塗装の中塗り、上塗り工程に用いる自然乾燥性の塗料です。有彩色顔料・無彩色顔料・体質顔料などを主に長油性フタル酸樹脂ワニスで練り合わせてつくった液状のもので、塗膜の耐候性が優れていることが特徴です。

①**合成樹脂調合ペイント1種**
　主に建築物の鉄鋼構造物の中塗りおよび上塗りとして、下塗り塗膜の上に数日以内に塗り重ねる場合に用います。
②**合成樹脂調合ペイント2種中塗り用**
　主に大型鉄鋼構造物の中塗りに使用します。
③**合成樹脂調合ペイント2種上塗り用**
　主に大型鉄鋼構造物の上塗りに使用します。

アルミニウムペイント (JIS K 5492:2003)：熱線の反射、水分の透過防止などが目的です。主として屋外の着色塗装に用いる酸化乾燥性の塗料で、塗料用のアルミニウム粉またはアルミニウムペーストと油性のワニスを、あらかじめ混合または別々の容器に分けて一対として、使用の際に混合するようにしたものです。**銀ペン**と呼ばれているもので、耐水性、耐候性、耐食性が優れています。放熱器や蒸気管の塗装用に用いられます。

耐熱塗料：ビヒクル（展色剤）には、シリコン樹脂、ブチルチタネートフェノール樹脂などを用い、顔料には主にアルミニウム粉、亜鉛末が用いられます。耐熱塗料の色は黒かシルバーが多く、耐熱温度は使用目的に応じたものを選定しなければなりません。

識別、色彩、安全管理

　配管に設けたバルブの誤操作防止などの安全を図ると共に、配管系の適正な管理を図ることを目的として、配管は仕上げの時点で各用途、系統ごとに識別表示を施す場合が多いです。ただし、居室内などの露出配管は識別表示を行わず、建築との調和を考えた塗装を施すのが通常です。

①管内の物質の種類によって識別色で塗装します。また管内の物質の名称なども表示します。
②流体の流れの方向を識別するために矢印を用います。
③管内の物質が危険物である場合、黄赤色の両側を黒で縁取りして危険表示を追加します。

　管内の移送物質の種類による識別色を表4.6に示します。また、表示の例を図4.1に示します。

4-3 塗装工事

▼表4.6 物質の種類とその識別色の例

物質の種類	識別色
水	青
蒸気	暗い赤
空気	白
ガス	薄い黄
酸またはアルカリ	灰紫
油	茶色
電気	薄い黄赤

備考 1. 電気は物質ではないが、電線管の識別は、他の配管と同様に扱う。
2. その他の物質についての識別色を必要とする場合は、ここに規定した識別色以外のものを使用する。

図4.1 識別色による物質表示の例（水の場合）

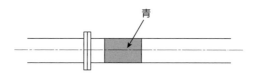

■管に直接環状に表示したもの

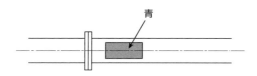

■管に直接長方形の枠で表示したもの

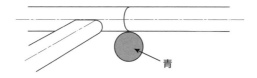

■札を管に取り付けて表示したもの

流れの方向を識別するには矢印を用います。その例を図4.2、図4.3に示します。

図 4.2　流れ方向の表示の例（矢印の形の識別色による場合）

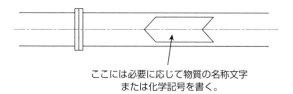

ここには必要に応じて物質の名称文字
または化学記号を書く。

図 4.3　流れ方向の表示の例（矢印の識別色の札による場合）

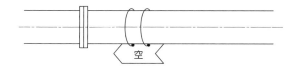

図 4.4　危険物の表示の例

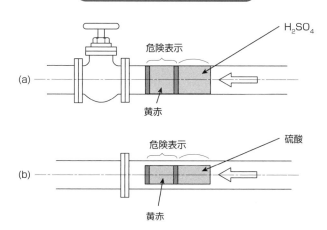

memo

Chapter 5

共通工事
防振・防音

管工事で使用する機器は、振動・騒音の発生源
となります。また、接続されるダクト・配管は、
その振動源から伝わり、それ自体が振動源とな
ることもあります。機器や配管・ダクトから発生
する振動・騒音を伝搬させないようにする工事
が防振・防音工事です。

5-1 音と振動の基本事項

管工事検定試験（重要度）★★★★☆

　音は空気中を伝搬する空気音のみではなく、固体の中を振動として伝搬する音もある。設備機械からの振動や室内で発生した騒音が壁や床などを振動させて、個体音として伝わり、隣室に空気音として放射され、思いがけない騒音となることがあります。ここでは、建物や設備の音や振動の基本事項を理解しましょう。

防音と遮音とは

　管工事で発生する騒音には、冷凍機、ボイラ、空調機、送風機、ポンプなどの機器の運転によるものと、ダクトや配管内の流れによるものがあります。それらは、発生騒音そのものを減ずることや距離減衰を見込むことでは、十分ではない場合が多いです。

　その防音対策としては、騒音が室内外へ伝播するのを防ぐことです。そのために音のエネルギーを吸収し減衰させる**吸音**（あるいは消音）、音の透過を防ぐ**遮音**などを効果的に行うことが必要となります。

　室内で発生した音は、壁などにより、吸収・反射・透過されますので、それぞれの性質を理解した上で、適切な防音対策を行います。

固定伝搬音と騒音

音は空気や個体を通して、それらが振動することによって伝わるものであり、空気中を伝わっていく**空気伝搬音**（空気音）と、建物の床や壁、天井などの個体を伝わっていく**固体伝搬音**（固体音）の2種類があります（図5.1）。

図5.1　空気音と固体音

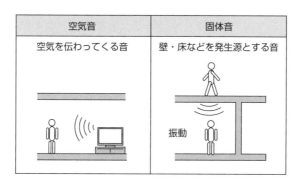

空気伝搬音は距離減衰によって、音源から離れるほどレベルが減衰し、壁や塀などの遮蔽物によっても減衰します。固体伝搬音は、建物の壁、柱、床などを振動して伝わり、室内に騒音が放射されます。

居室などの配置

機械室は騒音源・振動源であるため、居室などは、機械室の上下階および隣室に配置しないよう考慮します。

不具合事例

　建築設備では、主に冷凍機の圧縮機、空調機、送風機、ポンプなどの機器が振動源となります。これらの振動は、人体に伝わって不快感を与え、空気に伝搬して騒音を発生するなどの原因になっています。機器で発生した振動は、基礎から床を伝わり、また、機器から配管・ダクトに伝わり、配管・ダクトの吊り材や壁貫通部から建物の躯体に伝わり、躯体から空気に伝搬して、騒音を発生させます。
　また、機器から発生した音は、機械室の壁や隙間から透過し、ダクト内を伝搬して、吹出し口などから放射して、騒音を発生させます。

●機械室からの騒音・振動の伝搬

　機械室からの騒音・振動の伝搬について、図5.2に示します。

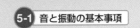

図5.2　空調装置から伝わる音のルート

　機械室からの騒音は次のとおりです。

①空調機から発生した音が隔壁、隙間などを透過する空気音。

②空調機自体の振動に起因して発生す固体音。

③ダクト・配管路系の振動に起因する固体音。

④ダクト内を伝搬して給排気口から放射する空気音（空調・換気騒音）。

⑤ダクト内を伝搬してダクト壁から透過する空気音。

⑥ダクトの中で騒音が発生する空気音。

　・ダンパーなどに突起部で、音を発生するもの。

　・空気の振動によって、ダクトが共鳴し、音を発生するもの。

　・ダクトの形状や曲がり部で流れに渦により、音を発生するもの。

⑦吹出口や吸込口自体で発生する空気音（風切り音）。

●給排水管からの騒音・振動の伝搬

給排水管からの騒音・振動の伝搬について、以下に示します（図5.3）。

図5.3　テナント排水の騒音

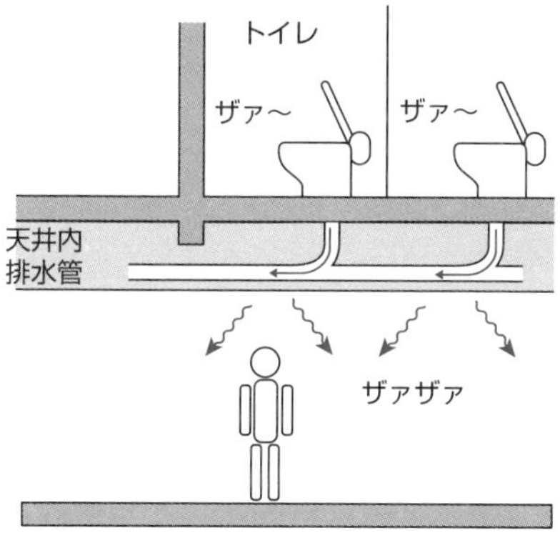

給排水管からの騒音は次のとおりです。

①排水時に配管から居室内に放射される音。

②排水時に管に発生する振動が、支持部・貫通部から建物躯体に伝わり、隣接室の
内装壁から放射される固体音。

5-2 機器防振

管工事検定試験（重要度）★★★★★★

振動対策として、建築躯体への伝搬を防止するために、防振ゴムまたは金属ばねが使用されます。

防振材の特徴と用法

管工事の防振装置に採用される防振材料は、目的に応じて選定されますが、通常は振動の固有振動数が6Hz以上の場合は防振ゴムを、それ以下の場合は金属ばね（コイルばね）を用いることが多いです。一般的に固有振動数を小さくすれば、防振効果は大きくなります。また、防振装置を取り付けた機器への接続は、フレキシブル管継手などの防振継手や防振ハンガーなどの防振支持を用い、振動や固体伝搬音の低減を図っています。

設置方法

●金属ばね（サージング対策品）：ポンプ、チラー、エアコン室外機など

これらの防振装置は、樹脂ケーシング内にコイルスプリングを内蔵し、上部にゴムを使用して、高周波を遮断します。架台、防振スプリング、耐震ストッパーを組み合わせた防振架台になります（図5.4、図5.5）。

防振架台

防振架台は運搬用や耐震用のストッパーが付いています。据付け後、調整不足があると、機能しないことがあります。

図 5.4　防振架台（ポンプの設置例）

出典：特許機器株式会社ホームページ

図 5.5　防振架台（エアコン室外機の設置例）

出典：特許機器株式会社ホームページ

5-2 機器防振

●**金属ばね（サージング対策品）：冷却塔など**
　金属ばねと耐震ストッパー、取付け金具が一体となった防振ユニットです（図5.6）。

図5.6　防振ユニット（冷却塔の設置例）

出典：特許機器株式会社ホームページ

●**防振パッド（防振ゴム）：ユニット形空気調和機、エアコン室外機など**
　振動の少ない軽量な機器や耐震ストッパーなど、床スラブへの振動の伝搬の少ないものは、防振パッドを設置します。なお、振動を伴う機器の固定は、機器の振動によりナットが緩まないようにダブルナット（またはスプリングワッシャ）にて固定を行います。（図5.7）。

図5.7　防振ゴム　施工例

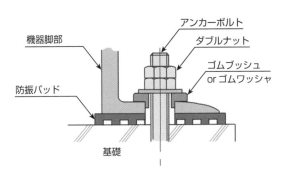

出典：特許機器株式会社ホームページ

機器防振 5-2

●防振継手：フレキシブル継手（可とう管継手）：ポンプなどの配管系

ポンプの吐出し・吸込み側に設置し、ポンプなどの配管系に固体伝搬音対策として設置します（図5.8）。

図5.8　フレキシブル継手（ポンプの設置例）

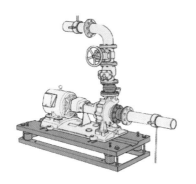

出典：特許機器株式会社ホームページ

●防振支持

天井吊り機器や配管・ダクトの支持部分から伝わる固体伝搬音を低減するために、防振支持を行います（図5.9）。

図5.9　防振支持（空調室内機の設置例）

出典：特許機器株式会社ホームページ

5-2 機器防振

設置上の注意点

機器防振の設置上の注意点を以下に示します。

①防振基礎は振動の伝搬を減らす効果はありますが、架台上の機器の振動を減衰させるものではありません。軽量の機器は、共振する恐れがあるため、防振基礎を設けずに、床に直接固定したほうがよい場合もあります。
②防振効果は、振動源、設置床、防振材などの特性によって変わるもので、防振材の選定には注意が必要になります。
③防振装置を取り付けた機器への接続は、フレキシブル継手などの防振継手を用い、振動や固体伝搬音の低減を図る必要があります（図5.10）。

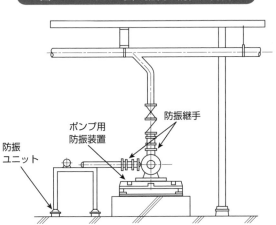

図5.10　ポンプ回り配管の防振支持例

④配管からの騒音は、配管から建物への振動を低減する必要があります。その方法として、配管を防振支持すること、建物貫通部で配管と接触しないようにするか防振支持をすることがあります（図5.11）。

図 5.11 配管の壁貫通部処理の例

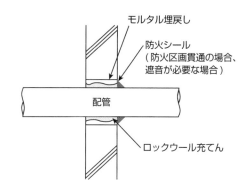

⑤配管の支持には、防振ハンガーなどを用い、建物への振動の伝搬を防ぐことができます。

5-3 ダクトの防振と防音の実際

管工事検定試験（重要度）★★★☆☆

ダクトに関わる振動・騒音は、送風機の発生振動・騒音、ダクト分岐部、ダンパーや吹出口による風切り音、ダクト内を通過する空気による振動音などがあります。これらの振動・騒音は、ダクトの補強や防振材で吊ることで振動を防止し、ダクトやチャンバーの内側の吸音材により吸音することなどがあります。

ダクトの防振

ダクトが振動して伝わる固体音やダクト内空気の振動によって、ダクトが共鳴し、音を発生する場合があります。ダクトの振動を防止するための補強方法として、リブ補強、形鋼補強などがあります（図5.12）。

図5.12　長方形ダクトの補強（リブ補強、形鋼補強）

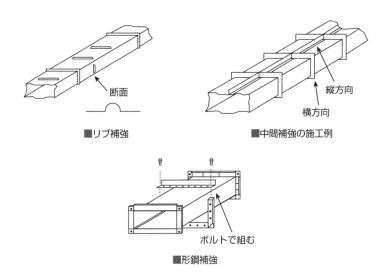

また、振動の伝搬を防止する必要がある場合は、吊りボルトや形鋼を使い、吊りボルトの中間に防振金物（防振ゴム）を取り付け、躯体への伝搬を防ぎます（図5.13）。

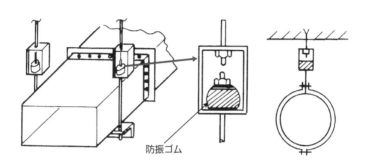

図5.13　長方形ダクトの防振吊り

ダクトの消音と防音

ダクトの消音方法には、ダクト内貼り、スプリッタ型・セル型サイレンサー（消音器）、消音エルボ、消音チャンバなどがあります。

●ダクト内貼り

ダクトの内側に吸音材を貼り、内貼り吸音材として、グラスウール32K板厚50mmなどを使用します。サイズが小さいものほど、減衰量が大きくなります。

●スプリッタ型・セル型サイレンサー（消音器）

吸音板や吸音材を貼った仕切りにより、表面積を大きくすることで消音効果を得ています。

●共鳴型サイレンサー（消音器）

二重構造の消音器で、内側のダクト周壁に孔が設けられており、特定の周波数成分（共鳴周波数）を減衰させることができます。

●消音エルボ

エルボの内側に吸音材を貼り、吸音材による吸音とエルボによる音の反射による減衰効果を利用して、比較的に大きな消音効果を得られます。外角内丸曲がりの直角エルボは、サイズが大きいものほど、減衰量も大きくなります。

●消音チャンバ・消音ボックス

ダクトチャンバーやボックスに吸音材を内貼りして消音効果を得ます。高い周波数に効果がありますが、低い周波数の騒音への効果はありません。接続されるダクトや器具のサイズが小さいものほど、減衰量が大きくなります。

●遮音ダクト

遮音ダクトは、機械室などの騒音の大きい空間を通る場合などに使用します。ダクト鉄板の外側に、吸音用のグラスウール、遮音シート、ダクト外装（亀甲金網など）などで施工します。

機器騒音の発生

外部ガラリや室内制気口から機器騒音が発生した場合、ダクト経路に遮音ダクトなどを設けると、消音効果があります。

消音器の構造と減衰特性

それぞれの消音器の減衰特性（周波数成分）を図5.14に示します。

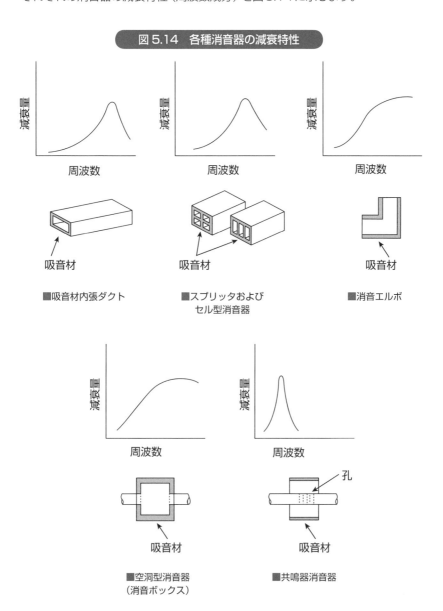

図5.14　各種消音器の減衰特性

5-4 配管の防振と防音の実際

管工事検定試験（重要度）★★★☆☆

配管に関わる振動・騒音は、冷凍機やポンプなどの発生振動・騒音、配管内を通過する流体によって継手などで振動が発生することがあります。これらの振動・騒音は、配管の防振が不十分であることが非常に多く、支持部や貫通部で防振が必要になります。

配管の防振

●配管の防振吊り

機器の振動や配管自体の振動を躯体に伝搬させないために、防振金具を介して、天井から支持する吊りボルトを使用します。防振金物は締めつけず、ダブルナットで固定します（図5.15）。

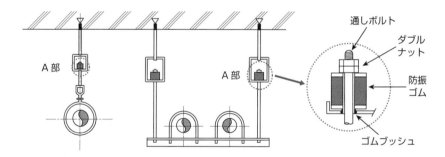

図5.15　配管の防振支持および耐震支持の例

●配管の防振振れ止め

　防振吊りを行う場合、梁などで耐震振れ止めを設置する必要があります。耐震振止めは、防振ゴムを梁などへの支持形鋼と配管支持用形鋼の間に設置し、振動が梁などの建築躯体に伝わらないようにします（図5.16、図5.17）。

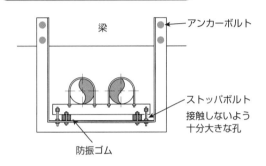

図5.16　配管の防振支持の例

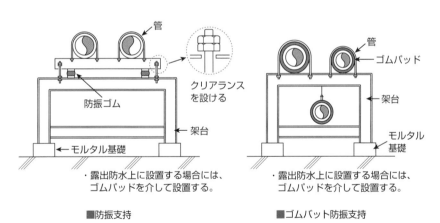

■防振支持　　　　　　　　　　　■ゴムパット防振支持

5-4 配管の防振と防音の実際

図 5.17 立て配管の防振支持の例

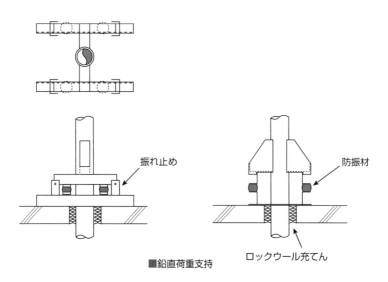

■鉛直荷重支持

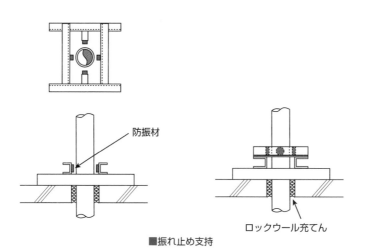

■振れ止め支持

排水管からの騒音対策

　排水騒音は、特にパイプシャフトなどが寝室のような居室に隣接する場合、遮音対策が必要になります。排水騒音の遮音対策としては、配管外側に鉛板などの遮音材を巻く方法があります。

　配管から発生する騒音（空気伝搬音）の対策は、配管の外側に、吸音用のロックウール、遮音シート、配管外装（鉄板など）などで施工します（図5.18）。なお、配管を固定している躯体から伝わる固体伝搬音は、防振施工により振動を防止します。

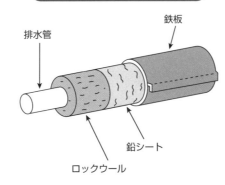

図5.18　配管の遮音施工

5-5 機器や器具の防振と防音の実際

管工事検定試験（重要度）★★★☆☆

設備機器で発生する振動・騒音は、発生する振動・騒音そのものを減らすか、伝搬を防ぎ、減衰または遮音を効果的に行う必要があります。

設備機器の防振

●ポンプの防振支持例

ポンプの振動を直接構造体に伝えないために、防振ゴムを用いた架台を使用し、振動を直接配管に伝えないために、可とう管継手（フレキシブル継手）を使用します（図5.19）。サクション側配管の立上げ部まで防振架台の上で支持します。出来ない場合は、配管立上げ部で継手から独立した防振支持をとります（図5.20）。

図5.19　ポンプの防振支持の例

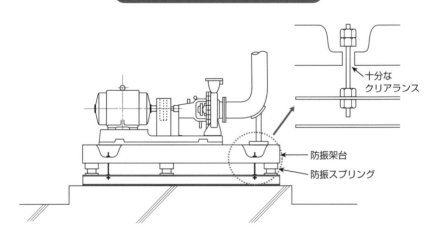

- 十分なクリアランス
- 防振架台
- 防振スプリング

図 5.20　冷凍機吐出し管、吸込み管の防振支持の例

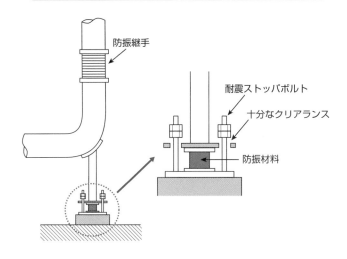

● 送風機の防振支持例

　送風機の振動を直接構造体に伝えないために、金属コイルバネ（スプリング防振）を用いた架台を使用し、振動を直接ダクトに伝えないために、たわみ継手（キャンバス継手）を使用します。たわみ継手には十分なたるみを持たせます（図5.21）。

図 5.21　送風機の防振支持の例

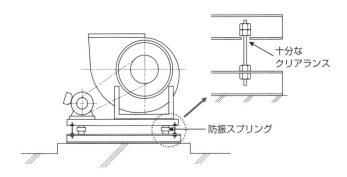

5-5 機器や器具の防振と防音の実際

屋外機の防音

　屋外の騒音は機器自体を低騒音型として発生騒音を低減し、防音カバー、消音装置などの防音装置の設置、遮音塀（防音壁）などの配置により、騒音の伝搬を防ぐことができます。屋外に設置する冷却塔、空冷チラーや空調室外機の防音対策では、塀を用いて直接到達する音を遮音する計画が多いです。

　距離減衰は、音源から受音点までの距離が2倍になれば、点音源で6dB、線音源で3dB減衰します。また、遮音性能を有した塀を設けることによる回折低減により、減衰します。特に周波数の高い音の場合の減衰量は大きくなります（図5.22）。

図 5.22　回折減衰と行路差と塀による減衰量

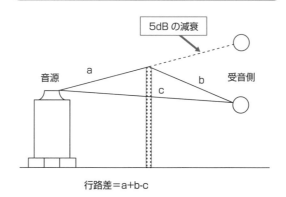

行路差＝a+b-c

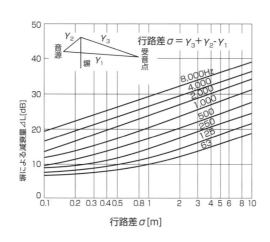

Chapter 6

空気調和設備

　ビルや住宅における空気調和設備の役割は、空気を浄化し、空気の温度や湿度などを調節し室内に供給することによって、快適な室内環境を形成することです。

　空気調和設備には大きく分けて冷暖房設備と換気設備がありますが、建物の環境条件、経済性、安全性、メンテナンス性などを考慮して総合的に計画することが重要です。本章では冷暖房・換気を行うための機器について床や天井に設置する場合の施工方法を中心に理解しましょう。

6-1 空気調和設備機器の搬入・据付け工事計画

管工事検定試験（重要度）★★★★☆

設置する空気調和設備機器を設計どおりかつ安全に運転できるようにするためには、機器の仕様や特性をよく理解し、それぞれの機器にあった搬入と据付けの工事計画を行うことが重要です。

搬入据付工事計画作成

搬入据付工事計画を作成するうえで、特に確認すべき事項は次の3つです。

①設置する機器の法規制の確認。
②据付場所・搬入ルートの確認。
③据付場所における水平震度・耐震や耐荷重の確認。

法的な規制の確認

各種法律や条例に基づき、ボイラや冷凍機等機器の種類や能力に応じて、設置できる部屋や場所が規制されます。

据付け場所・搬入ルートの検討

空気調和設備機器は騒音・振動・発熱等を伴うので、特に振動・騒音を嫌う部屋が近い場合には注意が必要で、計画場所への設置可否の判断も視野に入れながら、他の部屋に支障を与えないように防振や遮音の対策を施す必要があります。
ボイラや吸収式冷凍機など、発熱を伴う機器の場合は、機器の上部面や上階に対する熱放射をチェックします。

機器は本来、「一体搬入」とすることが望ましいのですが、所定の場所に据え付けるための搬入経路に十分な開口やスペースがどうしても確保できない場合には、冷凍機や空調機をセクションごとに分解して搬入する「分割搬入」を選択することがあります。しかし、吸収式冷凍機などは真空度が性能上最も重要な要件のひとつとなりますので、工場での性能試験の後に、分割して現場で溶接組立てを行うということは性能と寿命の面からも好ましくありません。

安易に分割搬入を選択せず、極力搬入開口を確保することが大切といえます。ライフサイクルを考えると、設備機器は建築物自体の寿命よりも短い期間でリニューアル・交換が行われますので、搬入・据付けの工事計画においては、本工事だけでなく、将来のリニューアル工事のことまでを考慮して計画を行うことが重要です。

一方、機器には必ずメンテナンスが必要となります。機器本体の日常のメンテナンス、あるいはチューブの引抜きなどの定期メンテナンス、消耗品や故障部品の取替え、点検扉、操作盤・自動制御盤の開閉などがスムーズに行えるようなスペースが確保できる場所であることが重要です。

床補強と耐震の検討

これまで、大地震のたびに耐震規定が見直されてきました。建築構造体の耐震強度が重要であることはもちろんですが、現在では、地震後に早急に事業を再開（継続）できるよう、建築設備においても、大きな損傷を回避して設備の耐震化を進めることが重要と認識されています。

設備耐震の法的根拠建築設備の耐震に関しては、建築基準法施行令、国交省告示などに基準が定められています。機器の据付け場所には、運転質量を十分に支えることのできる場所を選定し、設置する冷暖房設備機器の重要度や地域ごとの地震頻度などに応じて、機器の運転荷重とレイアウトを考慮した構造体強度を確認します。施工上で据え付ける内容に変更が生じ、運転荷重が変わるような場合には、再度設計計算を行います。

6-2 機器の据付けと耐震

管工事検定試験（重要度）★★★★☆

床に設置・支持されている設備機器は、地震が生じたときに建築物の床応答に応じて加速度が生じます。

地震力、設計用水平震度

設備機器の耐震設計では、この加速度の影響を基に設計用地震力を求めていきます。建築物の時刻暦応答解析が行われていない場合と、免震構造・超高層建築物などで時刻暦応答解析が行われている場合、あるいは設備機器が水槽の場合とそうでない場合とで計算方法は異なります。

大まかな耐震計算の流れとしては、設備機器の耐震クラスと設備機器の設置階から求めた設計用標準震度（表6.1）に地震の起こる頻度を数値化した地域係数を乗じたものを設計用水平震度とし、設計用鉛直震度を設計用水平震度の1／2とします（ただし鉛直方向への振動増幅が大きな部位に機器が設置してある場合などは割り増して計算する必要があります）。詳細は日本建築センターの建築設備耐震設計・施工指針2014年版を参照してください。

これらに運転質量を乗算したものをそれぞれ、設計用水平地震力、設計用鉛直地震力とします。この設計用地震力をもとに基礎あるいは耐震支持などの設計・施工方法を決定します。

アンカーボルト

アンカーボルトは、地震などよって設備機器に力がかかっても移動・転倒などしないようにコンクリート基礎と設備機器を固定する重要な役割をします。

機器の据付けと耐震 6-2

▼表6.1　設備機器の設計用標準震度

	設備機器の耐震クラス			適用階の区分
	耐震クラスS	耐震クラスA	耐震クラスB	
上層階、屋上および塔屋	2.0	1.5	1.0	
中間階	1.5	1.0	0.6	
地階および1階	1.0 (1.5)	0.6 (1.0)	0.4 (0.6)	

（　）内の値は地階および1階（あるいは地表）に設置する水槽の場合に適用する。

上層階の定義
・2～6階建ての建築物では、最上階を上層階とする。
・7～9階建ての建築物では、上層の2層を上層階とする。
・10～12階建ての建築物では、上層の3層を上層階とする。
・13階建て以上の建築物では、上層の4層を上層階とする。

中間階の定義
・地階、1階を除く各階で上層階に該当しない階を中間階とする。
　「水槽」とは、受水槽、高置水槽などをいう。

出典：建築設備耐震設計・施工指針2014年版、(一財) 日本建築センター

耐震支持

　設備機器に生じる地震力はアンカーボルトを通じて、転倒に抵抗する力（引抜き力と圧縮力）とズレに抵抗する力（せん断力）として堅固な基礎に伝達されます。基礎には、床スラブ・針のような主要構造躯体と切り離して設けられるものと、主要構造躯体と一体化されたものがあります。

　設備機器に生じた水平地震力は基礎に対してせん断力となり、床スラブなどの基礎を固定する構造体に円滑に伝達される必要があります。基礎のタイプによって、基礎底面の摩擦により伝達される方法、アンカーボルトやダボ鉄筋のせん断力にて伝達する方法の2つに分類されます。

6-3 空気調和設備機器の据付け工事

管工事検定試験（重要度）★★★★★

空気調和を行うための機器は様々な種類がありますが、ここではそれぞれの機器ごとの特徴と、機器を据付ける際に留意すべき事項を中心に理解していきましょう。

 冷凍機

　空調設備に用いる冷凍機には、いくつかの種類があり、電源・燃料別、容量、利用温度域などによって、それぞれ得意とする特長が異なることから、用途に合った機種・容量などを選定します。

　冷凍機に関連する法規としては、冷媒に使われる高圧ガスによる災害の防止を目的とした高圧ガス保安法をはじめ、フロン回収破壊法、ビル管理法、騒音規制法、振動規制法、省エネルギー法、建築基準法などが定められています。不活性ガスを冷媒とした冷凍機の設置では、製造者（第1種、第2種）および冷凍設備の区分によって都道府県知事への手続き内容などが異なりますので十分に確認してください。

　水冷式のターボ冷凍機や吸収式冷温水発生機を設置する際は、本体の周囲（上部含め）に500mm～1500mmのメンテナンススペースおよび、冷却チューブを引き抜くために本体の左右どちらかに本体の幅とほぼ同じだけのチューブ引抜きスペースを確保します。機器によって必要なメンテナンススペースは異なりますので、選定したメーカーより据付け要領書を入手して工事計画を行います。ターボ冷凍機の据付け例を図6.1に示します。

　空気熱源ヒートポンプの屋外機などは、機器同士を近づけすぎると機器の排熱のショートサーキットを起こしてしまうことがあります。そのような場合、設計に用いた外気条件よりも著しく悪い条件での運転となり、所定の能力を確保できないといった不具合が起こります。効率的に外気が入れ替わるよう風向および障害物を考慮し、また、排気および騒音が周囲に悪影響を与えぬような設置を計画します。図6.2は空気熱源ヒートポンプの据付け例です。

図 6.1 ターボ冷凍機の据付け例

図 6.2 空気熱源ヒートポンプの据付け例

6-3 空気調和設備機器の据付け工事

ボイラ

　ボイラには「ボイラおよび圧力容器安全規則」「労働安全衛生法」「消防法」、各地方条例などによる規定があります。据付けにあたっては、JIS B 8201（陸用鋼製ボイラの構造）の鋼製蒸気ボイラの据付け、および日本ボイラ協会の「陸用蒸気ボイラの据付工事仕様」に従います。「ボイラおよび圧力容器安全規則」で定められた計算方法による伝熱面積が3平方メートルを超えたボイラを設置する場合は、耐火構造としたボイラ室内に設置しなければならず、ボイラ室の出入口の扉は2か所以上の外開自閉式甲種防火戸とし、その2つの防火戸は非同一面に設置します。
　メーカーごとに推奨するメンテナンススペースの大きさは異なることから、選定したメーカーより据付け要領書を入手して工事計画を行います。

図6.3　小型貫流ボイラの据付け例

冷却塔

　冷却塔は、積雪・風圧・地震に対して十分安全なように基礎または架台上に水平に据付けます。冷却塔は屋上に設置されることが多いですが、その場合は下階への振動防止に留意します。

　また、騒音対策あるいは冬期の白煙対策のために目隠しの壁を設置する場合、空気熱源ヒートポンプの屋外機と同様、排熱のショートサーキットが懸念されます。図6.4のように隣接する壁、あるいは他の冷却塔と離隔距離を確保し、壁の高さが高い場合にはファン出口にフードを設け、壁の下部にガラリを設けて効率的に外気が入れ替わるよう計画します。

図6.4　冷却塔の設置例

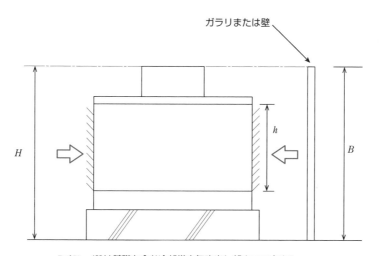

$B≦H$　（Hは基礎を含む冷却塔空気吹出し部までの高さ）

6-3 空気調和設備機器の据付け工事

　冷却塔の循環水は外気に直接触れていますので、煙突の煤煙などが冷却塔に吸い込まれるような場所に設置すると著しく水質が悪化して冷却塔や冷凍機の腐食の原因となります。また、レジオネラ感染防止の観点から水滴の飛散が周囲に悪影響を与えないよう配慮し、外気の取入れ口、居室の窓、通路から冷却塔を10m以上離して設置します。冷却塔の据付け例を図6.5に示します。

図6.5　冷却塔の据付け例

ポイントアドバイス

冷凍トン

大型冷凍機の冷凍（冷却）能力を表す場合に、US冷凍トン（主にUSRT）という単位を用いることがあります 1USRT ＝ 3024kcal/h ＝ 3.52(3024/860)kWで換算します。

ポンプ

　空調用に用いられる最もポピュラーなものは、遠心式のうず巻きポンプです。ポンプを据え付ける際には、メンテナンスで分解修理を行うことを想定して、据付場所の面積、搬入出経路を確保します。

　ポンプに異物が混入すると故障の原因となるのでその恐れがある場合には吸込み側にストレーナを設置します。一方、ポンプ吸込み側の抵抗は能力低下の大きな要因となるので、ストレーナは定期的に清掃しやすい場所に設置します。

　吸込み側配管はなるべくプラス圧となるように配置し、配管抵抗を少なくし、空気だまりのできやすい鳥居配管を避けます。マイナス圧となる場合にはポンプによって許容する吸込み揚程、温度が異なるので、ポンプメーカの仕様を確認してください。ポンプを複数台並べる場合は、ポンプの吐出し口の中心を揃えます。ポンプの防振基礎に用いる防振材は振動絶縁性がよく、共振時の振幅が小さく耐久性のあるものを用います。ポンプの据付け例を図6.6に示します

図6.6　ポンプの据付け例

6-3 空気調和設備機器の据付け工事

空調機（AHU:エアハンドリングユニット）

　空調機（AHU：エアハンドリングユニット）は、送風機（ファン）、冷水・温水コイル、加湿器、フィルタ、チャンバなどで構成されます。送風機セクション、コイルセクションなどのユニット内に空調負荷計算で求めた風量、静圧、冷却加熱能力などから選定されたファンやコイルを組み合わせて設計します。

　空調機のメンテナンスとしては、エアフィルタの交換、送風機のシャフト引抜き、コイル交換などを行う必要があることから、それらを想定したスペースを確保します。コンパクト型空調機の据付け例を図6.7に示します。

図6.7　コンパクト型空調機の据付け例

ファンコイルユニット（FCU）

　FCUは主にファンと冷温水コイルと簡単なフィルタで構成され、AHUとセットで病院、ホテル、事務所で使用されます。AHUが部屋全体の空調用として使われるのに対し、FCUは主に建物の外皮負荷を処理するためにペリメータ部に設置され、

床置き露出型、天井埋込型、天井カセット型、天吊露出型などの様々なバリエーションがあります。

　FCUの中には天井に埋込しダクト接続して外気と室内空気を混合できるタイプもありますが、大抵は外気とダクト接続せずに室内空気のみを冷却あるいは加熱します。ダクトを接続しないタイプは空気搬送動力が小さく、冷温水の流量をコントロールしてペリメータの負荷変動に対応でき、省エネルギーに寄与します。FCUに設置するフィルタはメッシュの荒い簡単なものであることが多いですが、定期的な清掃は必要なので、簡単にフィルタを取り外せるような配慮が必要です。また、冷温水コイルの近くで配管接続された2方弁で冷温水流量を制御することが多く、接続配管まわりのメンテナンスも考慮します。

　天井吊型FCUは、吊り金物を用いて上階床から吊り下げます。引張り力が作用する吊り部材の躯体へのアンカーボルトは、原則としてインサートとします。やむを得ず、あと施工アンカーボルトを使用する場合には、施工金属拡張アンカーボルト（おねじ形）などを用いるようにします。鉛直吊りボルトがX状の斜材に拘束されない上端と下端の長さは極力短くすることが推奨されています（図6.8）。

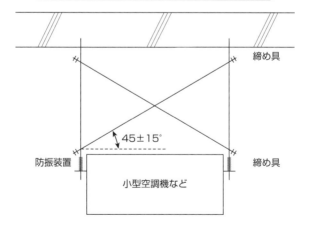

図6.8　全ネジボルトX状耐震支持の例

ビル用マルチエアコン

　ここまで、熱源機とAHU、FCUを冷温水配管で接続するセントラル空調システムを構成する機器を紹介してきましたが、ここでは、ビル用マルチエアコンを紹介します。ビル用マルチエアコンは複数台の室内機と１つの室外機を冷媒配管で接続し、制御は機器本体にパッケージ化されているのでセントラルシステムに比べて安価で、室外機毎に冷房と暖房をリモコンで簡単に切り替えることができるため、現在ほとんどの建物で採用されているシステムです。

　さらに最近は3WAYといって、設計施工の難易度は上がりますが、３本の配管で接続して１つの室外機系統の中でも複数の室内機で冷房と暖房を同時運転混在することのできるシステムもあります。室外機の据付けに最も留意する点は空冷ヒートポンプチラーと同様、耐震・防音・ショートサーキットに対する配慮です（図6.9、図6.10）。

図6.9　ビル用マルチエアコン室外機設置上の留意点

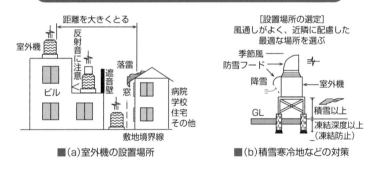

■(a)室外機の設置場所　　■(b)積雪寒冷地などの対策

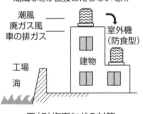

■(C)塩害などの対策

出典：空気調和・衛生工学便覧　第14版 計画・施工・維持管理編、(公社)空気調和・衛生工学会

室内機の配置の際は、吹出空気が部屋全体に行きわたり、ドラフトを感じないよう配慮します。特に、高天井や吹抜けになっているところでは暖房時に暖気が上層部にたまり、天井まわりでショートサーキットを起こして暖房能力が低下し、足下が寒くなるなどのクレームを起こすことがあるので、サーキュレータを利用するなどの配慮が必要です。

　また、ドレン排水こう配(1/50〜1/100)が確保できない場合はドレンアップ排水方式などを採用します。その際は排水管の立上許容寸法をメーカー技術資料などで確認します。天吊り型の室内機は振動が吊ボルトを伝わってスラブに伝達する場合があるので、吊ボルトの途中に防振ハンガを取り付けます。防振材にはスプリングとゴムがあり、スプリングを主材に上下にゴムを配した製品が効果的です。また、天吊り型の室内機は天吊り型ファンコイルと同様の振止めを施します。

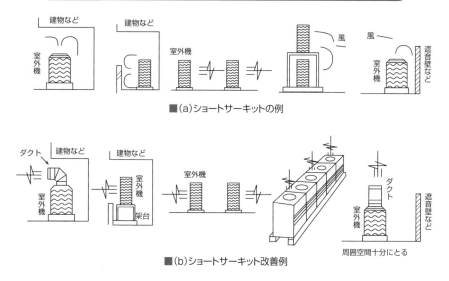

図6.10　ビル用マルチエアコン室外機のショートサーキット対策

■(a)ショートサーキットの例

■(b)ショートサーキット改善例

出典：空気調和・衛生工学便覧　第14版　計画・施工・維持管理編、(公社)空気調和・衛生工学会

6-3 空気調和設備機器の据付け工事

ファン

●ファンの種類

　ファンは、冷暖房・換気には欠かせない機器です。羽根車を通る空気の流れ方向により、遠心式と軸流式に大別されます。遠心式は、羽根車の中を軸方向から入り、径方向に空気が通り抜けます。軸流式は、軸方向から入り軸方向に空気が通り抜けます。図6.11に示す代表的な機種例として、遠心式ファンの例を多翼ファン、天井扇、バス換気乾燥機、軸流式ファンの例を軸流ファン、斜流ファン、換気扇、有圧扇に示します。

図6.11　オフィスビルや住宅に用いられるファン

■遠心式ファン

① 多翼ファン

② 天井扇

③ バス換気乾燥機

■軸流式ファン

④ 軸流ファン

⑤ 斜流ファン

⑥ 換気扇

⑦ 有圧扇

出典：テラル株式会社ホームページ、三菱電機株式会社ホームページ

多翼ファン：通称、**シロッコファン**とも呼ばれ、オフィスビルなどの空調機や換気設備のファンとして広く使用されています。住宅では、台所のレンジファンなどに用いられています。ファンのサイズは番手で表現されます。番手は羽根車の直径を150mmで割った値で、#2（2番）や#3 1/2（3番半）と表現されます。ファンの騒音が問題となる部屋の天井裏に設置する場合には、消音ボックスに入ったタイプのファンがあります。

天井扇（ダクト接続形換気扇）：天井扇は、天井面に取り付けが可能で、吸込口ボックスの中にシロッコファンが入っている換気扇です。オフィスビルの湯沸室、住宅の浴室やトイレなどに使用されます。

バス換気乾燥機：バス換気乾燥機は、戸建住宅やマンションの浴室換気に使用されます。最近は換気以外に暖房、ミストサウナ、洗濯物の乾燥の機能が付いたものが多用されています。

軸流ファン：通称、**プロペラファン**とも呼ばれ、数十枚の羽根を持つファンです。小型で低圧力・大風量を扱うのに適しています。やや騒音が大きいので消音器と組み合わせるか、騒音が問題とならない場所で使用します。

斜流ファン：通称、**ラインファン**とも呼ばれ、羽根車部分の流路が回転軸に対し一定角度で傾斜しており、空気も軸方向に流れます。風量が多く、静圧もある程度必要とする所に使用します。消音ボックスに入ったものもあります。

換気扇：換気扇は建物の外壁、窓、天井などに取り付け、モーターに直結した羽根を回転させて室内の空気を戸外に排気します。台所・居間・事務室などに用いられる一般用と、浴室などに用いられる耐湿用などがあります。静圧は0～30Pa程度です。

6-3 空気調和設備機器の据付け工事

有圧扇：一般の換気扇は窓や外壁に取り付けて運転する方式のため、空気抵抗があると極端に風量が低下してしまいますが、有圧扇はある程度の静圧をとっても風量が低下しないように設計されています。有圧扇は、飲食店や工場などで、大量の空気を換気する際に使用されます。

●天吊りと床置きの区分

一般的に、ファンの番手が#3以上のものは床置きに、#2 1/2以下のものは天吊りで設置します。ただし、施工現場の監理者と事前に打合せを行って、天吊りするファンの適用範囲（番手）を決定する必要があります。

●天吊りファンの据付例

ファンを天井スラブから吊り支持する場合、地震その他の衝撃によりファンが落下しないように鋼製インサート、鉄筋に固定されたアンカーボルトなどを使用し、建築構造体に強固に固定します。

地震によるファンの揺れを抑制するための対策も講じておきます。振れ止め対策は、ファンの番手により区分されます。ファンの番手が#2以上の場合、図6.12に示す鋼材による支持方法が用いられます。ファンの番手が#2未満の場合は、吊りボルトによる支持方法で、ブレースやターンバックルにより振れ止め処置を行います。なお、軸流および斜流ファンの番手が#3未満を吊りボルトで施工する場合は、ブレースなどで振れ止め処置を行っておく必要があります。

ファン運転時の振動が問題となる場合は、防振支持を行う必要があります。防振支持方法の詳細は、第5章（共通工事 防振・防音）を参照してください。

ポイントアドバイス

ファン

ファンには様々な種類があります。各ファンの特性を理解し、使用用途に適したファンを選定しましょう。

図 6.12　遠心ファン #2 以上の天吊り支持方法の例

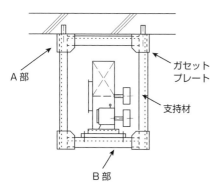
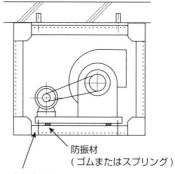

■立面図　　　　　　　■立面図

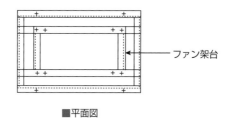

■平面図

ファンの天吊り

ファンを天吊り設置する場合は、地震によるファンの揺れを抑制するための対策を講じておく必要があります。その方法は、ファンの大きさ（番手）により異なるため注意が必要です。

6-3 空気調和設備機器の据付け工事

●天井扇の据付け例

天井扇の据付けは製品ごとに据付け方法が異なりますので、必ず製品の据付け説明書を確認し、注意事項を遵守して据付けなければなりません。

●ダクトとの接続

ファンの吸込み・吐出しフランジは、キャンバスなどのたわみ継手を介してダクトと接続します。ファンとダクトを直接接続すると、ファンやダクトの振動が過大になるだけでなく、ダクトの荷重によってファンが変形し、ファンの羽根とケーシングが接触するなど、重大な故障や破損の原因になります。たわみ継手は取り外しやすいので、外すことで容易に内部を点検できます。

たわみ継手のフランジ間隔は有効150mm以上とりますが、ファンの番手によってはたわみ量を考慮して決定します（図3.26参照）。

ファンの性能が大きく低下するのは、ファンまわりのダクトの接続方法に起因している場合に多く見られます。特に吸込み側のダクトが大きく影響するので、吸込み側接続ダクトの形状には注意が必要です。ファンの吸込み側ダクトのファンに対する奥行き寸法Aは、吸込み口径Bに対しA≧1.25Bを確保します。これは、流れ方向が直角に変化するので、風速を抑えるためと、曲がり方向に距離をとって、気流がスムーズに流れ易くするためです（図6.13参照）。

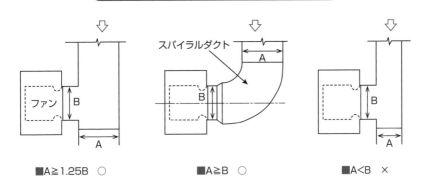

図6.13　ファンと吸込み側ダクトの接続

天井扇を浴室などに設置する場合のダクトとの接続例を図6.14に示します。浴室ダクトは十分なこう配（1/100以上）をとると共に、ダクト内部結露水がダクトの途中の接続部から漏れない接続とする必要があります。接続部にはシールを施し、ダクト下部でのビス止めは避けます。

図6.14　天井扇を浴室に設置する場合のダクト接続例

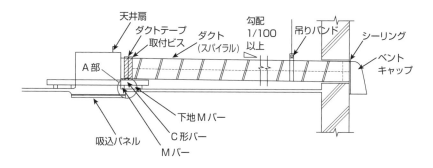

　外壁に取り付けたベントキャップ（排気口）では、雨水浸入防止が重要です。対策として、雨水が浸入しない形状のベントキャップを使用する、または下り順こう配がとれない場合は外壁貫通内側よりすぐにダクトを立ち上げます。

ファンとダクトの接続

ファンまわりのダクト接続方法により、ファンの性能が大きく低下することがあります。ファンとダクトの正しい接続方法を理解しましょう。

6-3 空気調和設備機器の据付け工事

全熱交換器

　換気の目的は、室内の汚れた空気を排気し、代わりに室外の新鮮な空気（外気）を取り入れ、室内の空気質環境を清浄に保つことです。この際、外気を取り入れるほど、冷暖房に対する熱負荷となり換気によるエネルギーロスが発生します。全熱交換器は、取り込む外気と排出する室内空気の間で熱交換を行うことにより、換気によるエネルギーロスを最小限にする機能をもった換気機器です。ここでは、全熱交換器の概要と全熱交換器の据付け方法などについて理解しましょう。

●全熱交換器の概要

　全熱交換器は、換気と外気熱負荷の低減を両立した換気機器です。給気側と排気側にそれぞれファンを持ち、第一種換気方式で確実に室内の換気量を確保しながら、内部に搭載された熱交換器で給気と排気の間で温度（顕熱）と湿度（潜熱）を熱交換させます（図6.15）。

　給気の温湿度を送風のエネルギーのみで室内の温湿度に近づけて供給できる特徴を持っています。現在販売されている全熱交換器では、排気と給気の間で全熱の約7割を交換するため、外気熱負荷の約7割を軽減することができます。

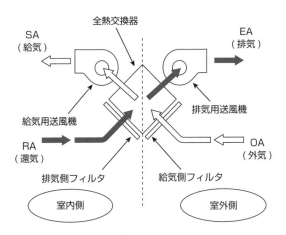

図6.15　全熱交換器の概略図

●全熱交換器の種類

　全熱交換器は回転形と静止形に区分されます。静止形にはさらに直交流形と対向流形があります。静止形直交流形の給気と排気を隔てる仕切り板素材には主に特殊加工紙が使用されており、温度（顕熱）と湿度（潜熱）とを同時に仕切り板を介して熱交換することができます。

　全熱交換器を用いた換気方式は、機械室などに床置き設置される集中換気方式と、天井内に設置される個別分散換気方式の2つに分けることができます。

　個別分散換気方式は、全熱交換器を各フロアの天井裏に設置するため機械室が不要です。オフィスビルなどでは、ビル用マルチエアコンとセットで天井埋込み形全熱交換器が採用されています（図6.16）。

図6.16　天井埋込み形全熱交換器

　静止形熱交換器には、住宅用、店舗用、事務所用、ビル空調システム用など、様々な機種があり、建物、用途、設置方法に応じて選択が可能です。

　天井埋込み形の全熱交換器は、メンテナンスのためにフィルターなどを引き出さなくてはなりません。天井支持

ポイントアドバイス

メンテナンススペース

天井埋込み形の全熱交換器は、フィルターを引き抜くためのメンテナンススペースが必要です。このスペースの確保を忘れると竣工後に大きな問題となるので、注意が必要です。

用の吊りボルトや他の設備が障害となって、全熱交換器の点検口が開かず竣工後にメンテナンスができずクレームとなるケースがあります。フィルターなどが取り外しできるよう、障害になるものが設置されないように建築業者や他設備業者と調整する必要があります。

●ダクトとの接続

　全熱交換器回りのダクト接続工事における注意点について説明します。

　ダクトは全熱交換器に付属のダクト接続フランジにしっかり差し込み、風漏れのないようにアルミテープを巻き付けます。ダクトは全熱交換器本体に力が加わらないよう天井から吊ります。図6.17に示すようなダクト形状は、風量低下や異常音発生の原因となりますので、管路抵抗が増大しないダクト形状で施工を行います。室外側のダクト（吸込みおよび吹出し）は、2本とも屋外へ下りこう配（こう配1/30以上）になるように取り付け、雨水の浸入を防ぎます。

　屋外フードにベントキャップや丸形フードを使用すると雨水が浸入しやすいので、雨水が直接かからない場所に設置するか、雨水が浸入しにくい深形フードを使用します。室外側ダクト2本（外気・排気ダクト）には、結露防止のため必ず断熱材を巻き付けます。夏期冷房時、全熱交換器本体が設置される雰囲気温度が高温になると予想される場合は、室内側ダクトにも断熱処理を行う場合もあります。

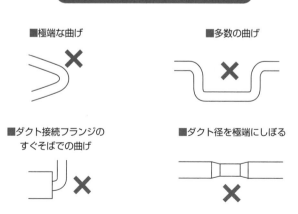

図6.17　ダクト工事禁止事項

出典：三菱電機株式会社、三菱電機ロスナイ据付工事説明書

Chapter 7

空調配管

本章では空調設備に用いられる主要な配管について、一般的な方式と施工上の留意点を理解しましょう。配管工事の特徴と留意点を知り、機能的で安全性の高い配管設備を施工することが重要となります。本章は第2章（共通工事：配管）に示された内容と関連が深いので、併せて理解しましょう。

7-1 密閉回路と開放回路

管工事検定試験（重要度）★★★★☆

空調設備の水配管は、密閉（クローズ）回路方式と開放（オープン）回路方式に大別されます。

密閉回路方式

密閉回路方式とは、循環水が大気に触れていない方式です。空気やごみ、生物などの混入が少なく、密閉された循環水の熱膨張・収縮の吸収と混入空気の逃がしなどのため膨張タンクが必要となります。一般的な密閉回路方式の概略フローを図7.1に示します。

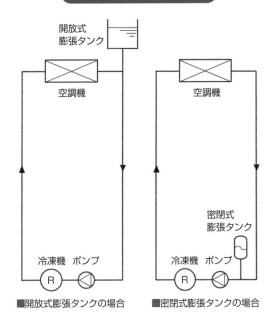

図7.1 密閉回路方式

開放回路方式

　開放回路方式とは、循環水が大気に触れている方式です。空気やごみ、生物などの混入の可能性があるため、さびや微生物、藻などの発生を防止する対策（水質管理・水処理など）が必要になります。ポンプ選定の際には配管抵抗のほかに実揚程（大気開放面まで水をくみ上げる揚程）を考慮する必要があります。

　大気に開放されているため膨張タンクは必要ありません。ポンプ停止時の落水（配管内の水が大気開放面まで落ちる）に対する検討・対策が必要となります。一般的な開放回路方式の概略フローを図7.2に示します。

図7.2　開放回路方式

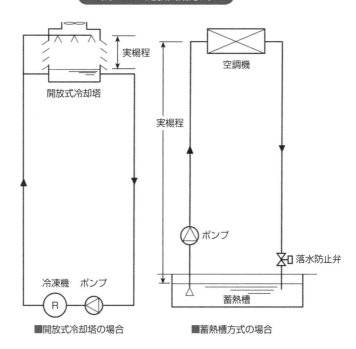

7-2 流量制御

管工事検定試験（重要度）★★★★☆

流量制御とは、水・蒸気などの流量を求められる能力に追従して変化させることです。手動による弁の開閉操作も流量制御といえますが、本節では自動制御による流量制御について解説します。

流量制御の目的

流量制御を行う目的としては、例えば、室内を空調するとき、目標の温度や湿度（設定値）を定めますが、室内の負荷は日射や外気温、人員などにより変化するため、その変化に追従するように能力をコントロール（制御）する必要があります。流量を増減できる制御弁装置を二次側機器（空調機やファンコイル）などのコイル接続配管（送り管側または返り管側）に設けることで、設定値に合うように流量制御します。室内負荷の変動と流量制御のイメージを図7.3に示します。

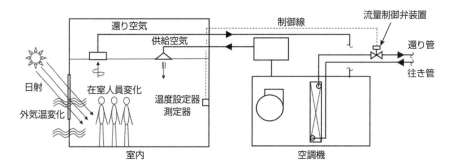

図7.3　室内負荷変動と流量制御のイメージ

制御弁

　自動制御による代表的な流量制御弁として、二方弁と三方弁があります。
　二方弁は、弁の開度を自動制御（電気式や空気式など）により調整し、水や蒸気の流量を変化させます。二方弁方式の代表的な例を図7.4に示します。

図7.4　二方弁方式の例

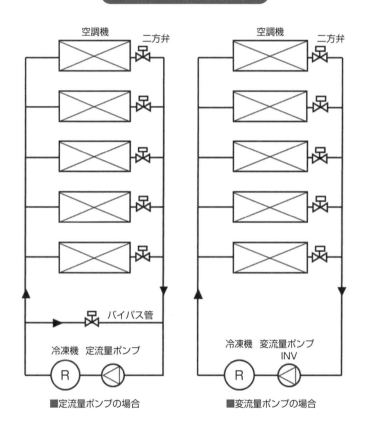

7-2 流量制御

　三方弁は水の流れを2つに分け、空調機などへの流量を自動制御（電気式や空気式等）により調整します。一方を還り管に流し（バイパスさせ）、流量を変化させます。三方弁方式の代表的な例を図7.5に示します。

　二方弁および三方弁の他には、ON-OFF（全開-全閉）制御を基本とした電動ボール弁や電磁弁などがあります。

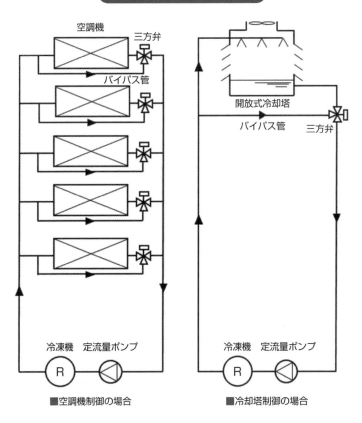

図7.5　三方弁方式の例

制御弁装置

　制御弁はゴミなどによる動作不良が起こりやすく、その保護のため制御弁の前に通常ストレーナを設置します。また故障時、メンテナンス時などの対応のためにバイパス管を設け、制御弁の前後にバルブを設けます。これを**制御弁装置**と呼びます。制御弁装置の例を図7.6に示します。

　制御弁装置周りはメンテナンススペースを十分確保しておくことが重要です。

図7.6　制御弁装置の例

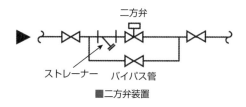

■二方弁装置

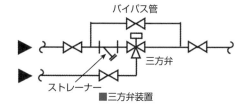

■三方弁装置

7-3 水配管（冷水・温水・冷温水・冷却水）工事

管工事検定試験（重要度）★★★★★

空調設備の水配管で代表的な冷水・温水・冷温水・冷却水管について、工事の基本事項と留意点を理解しましょう。

水配管とは

ポンプで水配管系統に水を循環させることにより、必要な場所・機器に温熱・冷熱を運ぶことができます。水を扱うので漏水の危険性と共に、熱を運ぶため配管の伸縮や結露の発生の可能性もあり注意が必要です。

基本事項

水配管工事の基本事項を次に示します。

- 水配管のルートは、漏水した場合を考慮して重要室や水を嫌う機器のある場所（サーバー室・電気室・発電機室・蓄電池室・電気の盤の上部など）を避けます。
- 配管の配置は、メンテナンスや将来の改修・増設を考慮して決定します。
- 配管の分岐では、ひとつのＴ字継手で相対する二方向への分岐、または二方向の合流には使用しないようにします（図7.7）。

ドレン配管

ドレン配管はこう配を必要とする配管です。施工図を描く場合、ドレン配管を優先して検討すると作図が効率よく進みます。

水配管（冷水・温水・冷温水・冷却水）工事 **7-3**

図7.7 分流・合流の基本

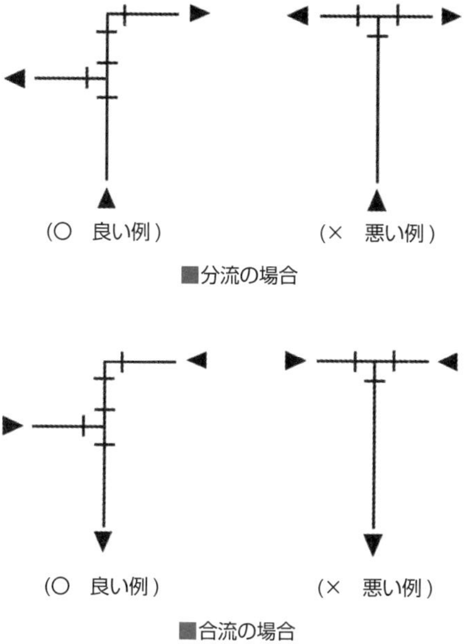

（○ 良い例）　　　（× 悪い例）

■分流の場合

（○ 良い例）　　　（× 悪い例）

■合流の場合

7

空調配管

- 配管の主要分岐部には、流量調整や漏水時・改修時の対応ため弁を設けます。
- 機器との接続部は、機器の保守や取り外しが容易なようにフランジ継手とし、振動が発生する機器との接続には防振継手を設置します。
- 主要機器の接続手前には、ストレーナを設置します。
- 配管を屋外や土中（埋設）に設置する場合は、凍結や外力（雨風、日射、車の通行等）に十分配慮し、ルートおよび支持方法などを検討します。
- 水配管では基本的にポンプにより水を循環させているため、ポンプの振動や水の脈動により振動が生じます。適切な振動対策を行うと共に、メイン・サブメインの配管を通すルートは騒音・振動を嫌う部屋を避けます。ポンプ周りおよび配管の振動対策については、第5章を参照してください。
- 配管接続では、異種金属接合による腐食について注意が必要です。水配管の防食については第2章を参照してください。

161

7-3 水配管（冷水・温水・冷温水・冷却水）工事

 こう配とエア抜き

　水配管は基本的に満水状態で運用しますが、水に含まれる溶存酸素などにより配管の一部にエア（空気）が溜まります。そのため満水配管であっても空気が抜けるように、配管にこう配をとりエア抜き弁を設置する必要があります。

　エア溜まりが生じた配管は水が滞留して動かなくなり、機能を果たせなくなります。また、こう配とエア抜きは、試運転時のフラッシング（初期の配管内の水洗い）や水張りでも重要な役目を果たしますので、試運転時の水張り、水抜き位置を検討して、水張り用弁、水抜き弁を設置します。こう配、エア抜き弁、水抜き弁の関係の一例を図7.8に示します。

図7.8　こう配、エア抜き弁、水抜き弁の関係例（天井隠ぺい形ファンコイルなどへの取出し）

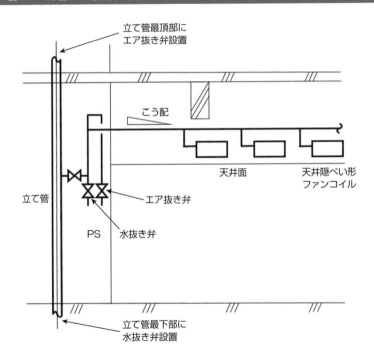

エア溜まりが生じやすい配管の上げ下げ（いわゆる鳥居配管）は禁止です。しかし、障害物などがありやむを得ない場合は、図7.9に示すようにエア抜き弁を設けておきます。

図 7.9　鳥居配管の禁止とやむを得ない場合の対応

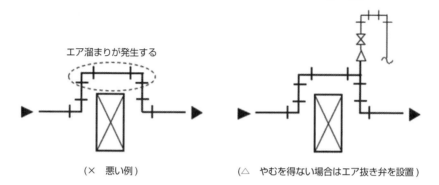

（×　悪い例）　　　　　　　　（△　やむを得ない場合はエア抜き弁を設置）

伸縮対応

水配管は、熱を運ぶため運転時と運転停止時で配管の温度が変化します。そのため温度変化による配管の伸縮量（伸縮長さ）をあらかじめ予測して、適切な対応をとる必要があります。

配管は曲がり（エルボ）が多いと継手部や直管部のしなりによって、ある程度伸縮を吸収（クッション）することができます。このように配管の伸縮を吸収する部分を**オフセット**と呼びます。図7.10に枝管取り出しのオフセットの例を示します。

ポイントアドバイス
施工管理が重要
施工性の良い継手は、施工管理が重要と心得ましょう。簡単につながる継手は「簡単に外れやすい」ともいえます。

7-3 水配管（冷水・温水・冷温水・冷却水）工事

図 7.10　枝管取出しのオフセットの例（床置き形ファンコイルなどへの取出し）

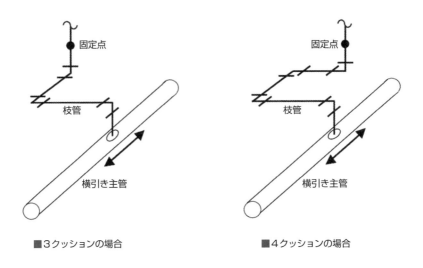

■3クッションの場合　　　　　　　　■4クッションの場合

　直管部が長くなる立て主管や横主管などは、伸縮量により伸縮継手と固定点を必要とする場合が多くなります。伸縮継手については、2-3節の配管付属品を参照してください。

水質管理・水処理

　水配管では、基本的に配管内の水を循環して繰り返し使用するため、特に開放回路などでは水の汚れやさびや藻・菌の発生防止のため水質管理を検討する必要があります。

　水質管理では、水の電気伝導率測定により水の汚れを予測し、水を入れ替えるブロー装置や、薬液を投入してさびや藻・菌の発生防止を図る薬注装置などがあります。

7-4 蒸気配管工事

管工事検定試験（重要度）★★★★★

空調設備の蒸気配管について工事の基本事項と留意点を理解しましょう。

蒸気配管とは

蒸気は圧力により必要な場所、機器に温熱または加湿蒸気を運ぶことができます。配管の熱損失により蒸気の温度が降下し、凝縮水（還水）が配管内に発生します。そのため蒸気と還水の流れを阻害しない配管とします。高温な蒸気を扱うので危険性が高く、運転時と非運転時の温度差が大きく配管の伸縮量も多いため注意が必要です。

基本事項

蒸気配管工事の基本事項を次に示します。

- 蒸気配管のルートは、水配管同様に漏水を嫌う場所・設備・機器の上部などを避けます。さらに高温を嫌う部分についても注意して配管ルートを決める必要があります。
- 蒸気配管は基本的に一般の人が触れる可能性のある場所には通さないようにします。やむを得ず通す場合は、危険防止のため必要に応じて保温など対策を行います。なお、通常、還水は保温をしません。
- 空調設備では蒸気の圧力で高圧蒸気と低圧蒸気に大別しています。一般に低圧蒸気をゲージ圧力（大気圧を0とした圧力表示）0.1Mpa未満、高圧蒸気はそれ以上としています。
- 蒸気配管は大きな伸縮が生じるので対応が必要になります（7-3節の水配管伸縮対応を参照）。また、配管の支持にも伸縮に対応してローラー支持やチェーン吊り支持などが施されます。配管の支持については第2-4節の配管の支持方法を参照

7-4 蒸気配管工事

してください。
- 還水配管は、還水が高温でpHが低いことから腐食が進行しやすいため、一般に配管用炭素鋼鋼管（SGP）より肉厚の厚いスケジュール管（圧力配管用炭素鋼鋼管、STPG-sch40またはsch80）またはステンレス管が用いられます。

蒸気配管の方式

蒸気配管は、蒸気配管（往き管）と還水配管（還り管）により構成される複管式が近年採用されています。複管式は、還水方式の違いにより真空ポンプ方式と重力還水方式に大別されます。

真空ポンプ方式は、真空ポンプにより還水を戻しボイラに給水する方式で、**重力還水方式**は重力により還水を還水槽（ホットウェルタンク）まで戻し、還水ポンプによりボイラに給水する方式です。各方式の一般的なフローを図7.11に示します。

図7.11 真空ポンプ方式と重力還水方式の一般的フロー

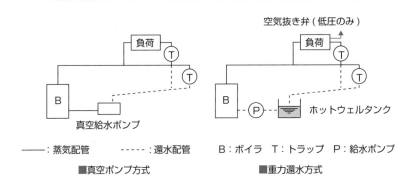

同じ蒸気配管系統内において、減圧弁を用いて高圧蒸気と低圧蒸気を使用する場合は、圧力の異なる系統の還水を合流させる前に、高圧蒸気還水を再蒸発させるためフラッシュタンクを設け還水槽へと導きます。一般的なフローを図7.12に示します。

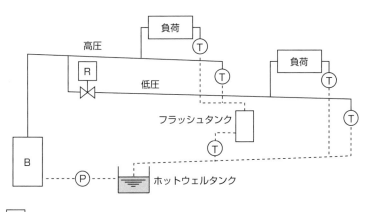

図 7.12　低・高圧供給・重力還水方式

重力還水方式では、還水管を蒸気管（蒸気往管）より高くすることはできません。真空配管方式で配管を立ち上げる場合にはリフトフィッティング（リフト継手）を使用して立ち上げます。

7-4 蒸気配管工事

こう配と蒸気トラップ

　蒸気配管内部では、蒸気の温度降下により凝縮水（還水）が生じるため、蒸気と凝縮水が配管に同時に存在することを前提にこう配を設ける必要があります。同じ配管内で蒸気と凝縮水が同じ方向に流れる場合を**先下がりこう配**（**順こう配**）、逆方向に流れる場合を**先上がりこう配**（**逆こう配**）と呼びます。

　逆こう配は、配管内部での蒸気と凝縮水双方の流れが妨げられやすく、管内で凝縮水が衝突するスチームハンマーが起こりやすいなどの理由から一般的に採用されません。蒸気配管・還水配管のこう配基準を表7.1に示します。

▼表7.1　蒸気配管・還水配管のこう配

蒸気配管 （往き管）	先下がりこう配（順こう配）	1/250以上
	先上がりこう配（逆こう配）	1/80以上
還水配管 （還り管）	先下がりこう配（順こう配）	1/200〜1/300

　蒸気配管（往き管）の径違い継手は、凝縮水が流れやすいように偏芯継手を使用します（図7.13）。

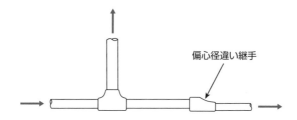

図7.13　偏芯径違い継手

蒸気配管（往き管）内で生じた凝縮水がたまりやすい場所および二次側機器の下流側などには、蒸気トラップを設けて凝縮水をドレン水として排出し、蒸気の流れを確保します。例えば、蒸気配管の管末や立ち上がり箇所、また蒸気の横引き配管では30m程度毎に蒸気トラップを設けます。また、蒸気配管の立ち上がり箇所の下部にはダートポケット（泥溜り）を設けます。蒸気トラップ装置の例を図7.14に示します。

図7.14 蒸気トラップ装置の例

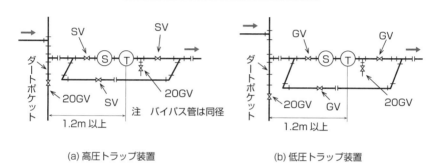

(a) 高圧トラップ装置　　　(b) 低圧トラップ装置

出典：空気調和・衛生設備工事標準仕様書（SHASE-S 010-2013）、（公社）空気調和・衛生工学会

水質管理・水処理

蒸気還水は再びボイラ供給される前に通常、薬注装置により水処理を行います。薬剤としては、清缶剤（ボイラの保護、pH管理）、脱酸素剤（還水に鋼管を使用している場合の防食）などがあります。

ボイラの給水として水道水または井戸水を主に使用しますが、ボイラに供給する前にボイラへのスケール付着防止のために軟水装置を設置します。

7-5 冷媒配管工事

管工事検定試験（重要度）★★★★☆

空調設備の冷媒配管ついて、工事の基本事項と留意点を理解しましょう。

 冷媒配管とは

冷媒配管とは、空冷ヒートポンプパッケージ、空冷ヒートポンプマルチパッケージ、空冷ヒートポンプチラー、住宅用のクーラーなどに用いられます。

冷媒は、基本的に機器本体やパッケージやクーラーなどの室外機内にある圧縮機により冷媒を状態変化（液体⇔ガス）させ冷媒の圧力により供給先へ熱を運びます。各機器の能力により配管の径、配管の長さ制限などが変わってきます。

 基本事項

冷媒配管工事の基本事項を次に示します。

- 冷媒配管および冷媒の取扱いは、法規（高圧ガス保安法、フロン回収・破壊法等）による規制を受けるため、法令をよく理解して施工することが重要です。
- 冷媒配管には、液管とガス管があり、冷房運転の場合は液管が往き管、ガス管が還り管、暖房運転の場合ガス管が往き管、液管が還り管になります。
- 通常、液管とガス管は同じルートを通します。また、空冷パッケージやクーラーの場合、液管とガス管に沿わせて渡り配線も通す場合があります。この場合は工事区分の確認と他業種との調整が必要です。また、冷媒配管と配線を直接接触させないようします。
- 冷媒配管は、配管長や室内機と室外機の設置の高低差に制限があり、かつその距離により能力低下が生じる場合があるので注意が必要です。
- 冷媒配管が防火区画を貫通する場合は、国土交通省認定の耐火工法で施工します。認定の工法が各社で製品化されています。

- 冷媒配管の冷媒封入前には、管内の水分やゴミなどを除去するため、窒素を用いてフラッシングを行います。
- 改修工事などで冷媒および冷媒を扱う機器を対象とする場合は、フロン回収・破壊法に従い工事を行う必要があります。

冷媒の種類

空調設備に用いられる冷媒の多くはフロンが使用されます。**フロン**はフルオロカーボン類の日本での総称で、水素（H）、フッ素（F）、炭素（C）、塩素（Cl）によって構成されます。その組合わせにより大きく3つに分けられます。

- クロロフルオロカーボン（CFC）
- ハイドロクロロフルオロカーボン（HCFC）
- ハイドロフルオロカーボン（HFC）

オゾン層保護法によりオゾン層破壊物質の指定を受けたため、CFCは**特定フロン**、HCFCは**指定フロン**として製造・販売に規制を受けます。

HFCはオゾン層破壊物質となる塩素（Cl）を含まないフロンとして**代替フロン**と呼ばれています。HFCは地球温暖化係数が高いフロンであるため、今後はさらに地球環境への影響が少ないノンフロン冷媒が多く使われることが期待されています。表7.2に各フロンの対照表を示します。

保温付冷媒用銅管
保温付冷媒用銅管は施工後の保温の収縮を見越した施工が必要です。最大2%（5mで最大100mm）も収縮します。

施行要領
パッケージエアコンの冷媒配管やドレン配管は、メーカー毎、機種毎に施工要領が指定される場合があるので注意しましょう。

7-5 冷媒配管工事

▼表7.2　特定フロン/指定フロン/代替フロン/ノンフロンの対照表

区分		特長および物質例	オゾン層破壊性	温暖化への影響	国際条約規制対象	主な用途
特定フロン	CFC	塩素を含みオゾン層破壊の性質が強い物質。CFC-11、12、113、114、115など。	オゾン層破（大）	あり	対象	冷媒・発泡剤・洗浄剤・エアゾール噴射剤などに広く使用されたが、オゾン層保護法に基づき、1995年末（先進国）、2010年末（発展途上国）までに生産・輸入全廃済み。
指定フロン	HCFC	塩素を含むが水素があるためオゾン層破壊の性質は比較的弱い物質。HCFC-22、123、141b、142bなど。	オゾン層破（小）	あり	対象	冷媒・発泡剤・洗浄剤・エアゾール噴射剤などに広く使用されたが、オゾン層保護法に基づき全廃途上。品種・用途によっては既に全廃済み（例：ウレタン発泡剤用のHCFC-141b）。
代替フロン	HFC	塩素を含まず水素を含んだオゾン層を破壊しない物質。HFC-23、32、125、134a、143a、152aなど。HFC系混合冷媒 R-410A、407C、404A	なし	あり	対象	冷媒（冷蔵庫、業務用低温機器、カーエアコン、ルームエアコン、パッケージエアコン等）発泡剤・洗浄剤・エアゾール噴射剤。
ノンフロン	HC	炭素と水素からなる炭化水素でオゾン層を破壊しない物質。R-600a（イソブタン）	なし	極小	非対象	冷媒（冷蔵庫、冷凍ショーケース）

冷媒配管の支持

　冷媒配管は主に銅管が用いられます。配管に撓みが生じないように支持をとります。また、保温付き被服銅管を用いる場合は、吊バンドや結束バンドの締め込み過ぎによる保温の減厚が生じないように注意が必要です。保温の減厚対策用として、保温付き被服銅管の専用吊金具が各社で製品化されています。

　冷媒配管の立て管では、保温の外からの支持だけでは、配管の熱収縮や保温の経年劣化で配管だけがずり落ちる場合があります。そのため中間階で支持固定を行います。冷媒立て管専用の支持金物が各社で製品化されています。

172

7-6 ドレン配管工事

管工事検定試験（重要度）★★★★★

空調設備ドレン配管ついて、工事の基本事項と留意点を理解しましょう。

ドレン配管とは

ドレン配管とは、広義の意味で空調系の排水配管のことを指します。主に空調機器のコイルから発生する凝縮水や加湿の余剰水などを**ドレン水**と呼び、重力により排水します。ドレン配管ではこう配を確保し水を滞留させないようにすることが重要です。また、満水状態（真空状態）により流れ止まることがないように空気の供給（通気）も合わせて考える必要があります。ファンコイルやパッケージエアコン、クーラーなどの場合、ドレンパンの開放端が通気口の役割を果たします。こうしたドレンパンなどの開放端が、漏水のトラブルを起こす場合もあるので注意が必要です。

基本事項

ドレン配管工事の基本事項を次に示します。

- ドレン配管は1/100以上のこう配を確保して、横引き配管には撓みなどがなく、スムーズな水の流れを確保できるように支持します。
- 立て配管は基本的にサイズ変更せず、受け持つドレンの合計流量により同じサイズにします。
- 横引き主管および立て配管への接続は、TY継手またはY継手などを用いてスムーズな水の流れを確保します。
- 異なる階に設置された機器のドレンは、横引き主管の合流は基本的に行いません。下階の機器ドレンパンからの漏水トラブルを起こす原因となります。接続の例を図7.15に示します。
- ドレン配管に二重にトラップを設けると、満水状態（真空状態）を誘発し流れが止まるため、二重トラップは禁止です。

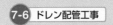

7-6 ドレン配管工事

図 7.15 漏水トラブルとなり得るドレン配管の接続例

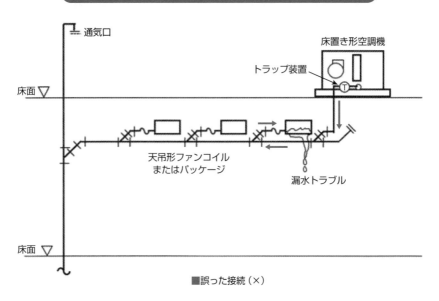

■誤った接続（×）

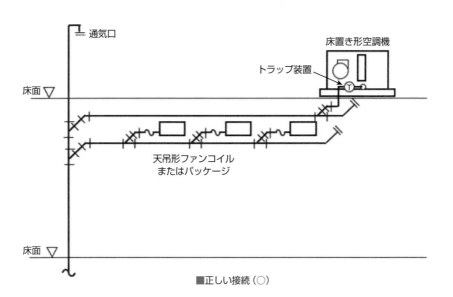

■正しい接続（○）

ドレン配管の方式

ドレン配管は基本的に重力によりドレン水を排水します。これを**重力流下方式**、または**自然流下方式**と呼びます。天吊形パッケージエアコンや天井カセット形パッケージエアコンの室内機では、ドレンアップ装置（ドレアップメカ）によりドレンパンのレベルから水をくみ上げることにより、以降の配管のこう配を確保しやすくしています。この場合、ドレンアップ装置による重力流下でない配管と、以降の重力流下方式配管がつながることになります。これを**ドレンアップ方式**と呼びます。

ドレンアップ方式の場合、ドレンアップ装置から必ず配管の立ち上げ部を設け、逆流を防止し、以降こう配をとって横引き主管へ上から接続します。

ドレンアップ装置周りの配管は、各メーカーの説明書に従って施工してください。ドレンアップ方式の横引き主管への接続例を図7.16示します。

図7.16 ドレンアップ方式の横引き主管への接続例

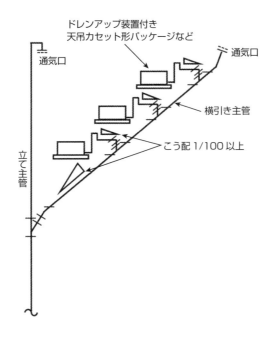

7-6 ドレン配管工事

ドレントラップ

　ドレン配管からの臭気や虫などの侵入や床置き形空調機などのドレン排水口からの空調空気の漏洩や吸引を封水により防止するため、**ドレントラップ**を設けます。表7.3にドレントラップの分類と特徴を示します。

▼表7.3　ドレントラップの分類と特徴

分類		形状	特徴
配管組みトラップ			・管内の水量が少なく、封水切れのおそれがある。 ・封水高さ＋静圧高さが必要。 ・必要スペース→大、施工性→悪。
ドラムトラップ			・保有水量が多く、封水が切れにくい。 ・スラブ貫通やシリンダー内埋設により静圧高さの確保が容易。 ・必要スペース→中、施工性→悪。
メカニカル形トラップ	フロートボール式		・ドレン水は一時的に本体に滞り、封水を形成。浮力によりフロートボールが浮き、溢れ出しレベルを超えた分だけ流出口より排出。 ・ドレン水蒸発時は、フロートボールにより空気の逆流を防止。 ・横引き配管用、管末端用、負圧用あり。 ・必要スペース→小、施工性→良。
	逆止弁式		・ドレン水の重量変化により、開閉式の逆止弁が作動。 　一定の封水重量になるまで封水を確保。 ・横引き配管用、立て配管用、管末端用、負圧用、正圧用あり。 ・必要スペース→小、施工性→良。

176

7-7 油配管工事

管工事検定試験（重要度）★★★☆☆

空調設備の油配管ついて、工事の基本事項と留意点を理解しましょう。

油配管とは

油配管とは、主にボイラや発電機などの機器の燃料として使用する重油や灯油を運ぶ配管を指します。油配管は消防法などによる多くの規制があり、油配管からの漏洩は火災や爆発、土壌汚染の危険性が高いため、漏洩対策も重要です。

基本事項

油配管の工事を行う基本事項を次に示します。

- 油配管は法規（消防法、危険物の規制に関する政令および規則等）による規制が多くあるため、法令をよく理解して施工することが重要です。
- 油配管は、1/200程度のこう配を確保します。
- 管材は基本的に配管用炭素鋼鋼管の黒管（SGP黒）を使用します。
- 基本的に溶接接続とします。40A以下の小口径ではネジ接続とする場合があります。また、機器との接続は、更新の対応を考えてフランジ接続とします。
- 埋設配管は、漏洩時の対応が難しいため行いません。土中やコンクリート内を通す場合は専用のピットなどを設け、保守点検が可能なようにします。
- オイルタンクなどの接続部は地震などにより損傷を受けないようにフレキシブル継手（可とう管継手）を用います。

油配管の方式

　油配管は、オイルポンプにより送油される配管と、重力式の配管およびオイルタンクの通気管に分けることができます。オイルポンプは汲上げ高さが5ｍ程度までなので、設置位置に注意すると共に、配管抵抗となる弁類も必要数にします。

　オイルタンクがオイルサービスタンクより高い場所にある場合は、返油ポンプを設けることにより、オイルサービスタンクのオーバーフローを防止します。また、オイルタンクからの自然流下を防止するため、送油管には緊急遮断弁を設けます。オイルタンクとサービスタンクの高さ関係による配管例を図7.17に示します。

法令を理解する
油配管は法規（消防法、危険物の規制に関する政令および規則等）による規制が多くあるため、法令をよく理解して施工することが重要です。

図7.17 オイルタンクとオイルサービスタンクの位置関係による配管例

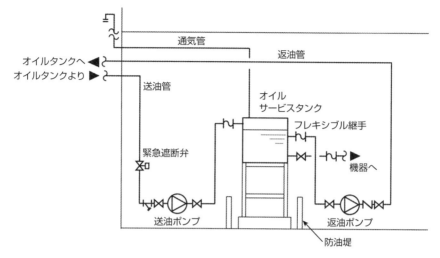

■オイルタンクがオイルサービスタンクより高い場合

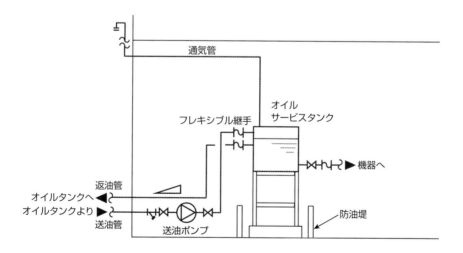

■オイルタンクがオイルサービスタンクより低い場合

memo

Chapter

8

自動制御設備

制御またはコントロールという言葉は、日常でもよく耳にする言葉であり、身近なものにもよく利用されています。自動制御は建築物の様々な設備・装置で使用されており、空気調和設備などにおける自動制御も多岐にわたります。本章では、自動制御の基本的な事項を中心に空調機の制御や冷凍機の制御について理解しましょう。

8-1 自動制御の基礎

管工事検定試験（重要度）★★★★★

自動制御というと少しとっつきにくいかもしませんが、人間が制御・調整していたものを機械・装置にさせるということです。

開ループ制御

開ループ制御とは、図8.1のブロック線図（信号処理要素と信号の流れを表した線図）のように、調節部に制御量を戻す経路（ループ）がない制御方式です。シーケンス制御やフィードフォワード制御はその代表例です。

図8.1 ブロック線図（フィードフォワード制御）

シーケンス制御は街中のいたるところに使われています。例えば、道路わきの自動販売機やコンビニエンスストアの自動ドア、交差点の交通信号機などです。
空調設備に関連するものでいえば、ファン・ポンプの運転・停止により弁・バルブを開閉するといったインターロックなどもシーケンス制御です。
そして、空調機のコイル凍結防止制御などは外気温度を計測し、外気温度が設定温度以下になったらコイルに水を流し、コイル内の水の凍結による破損を防ぐ動作はフィードフォワード制御であり、開ループ制御の一例です。

閉ループ制御

閉ループ制御とは、図8.2のブロック線図のように目標値（設定値）と偏差がないかを比較するため、制御量（温度など）を検出部より入力し、調節部に制御量を戻す経路がある制御方式です。フィードバック制御はその代表例です。

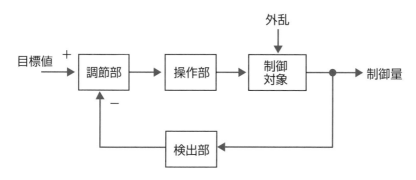

図8.2　ブロック線図（フィードバック制御）

フィードバック制御では、制御量（室温）と目標値（設定値）の偏差があればその偏差を減少させる動作をします。その中で動作がシンプルなものは**ON/OFF動作**（**二位置動作**）と呼ばれる制御で、図8.3のように、制御量により制御出力がON（全開）かOFF（全閉）のいずれかの値をとるものです。

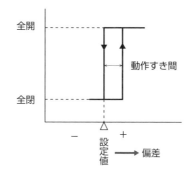

図8.3　動作図（ON/OFF動作）

8-1 自動制御の基礎

ON/OFF動作は、制御機器のON/OFFが頻繁になるのを防止するため、ONとOFFになる制御量の間に動作すき間が必要になります（図8.4）。

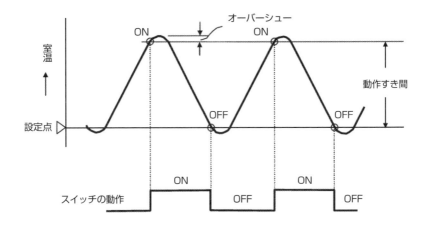

図8.4 ON/OFF動作による制御の効果

前述したようにON/OFF動作は制御出力がONまたはOFFのいずれかの値しかとりませんが、これをより細かく制御するのが**PID制御**＊です。

PID制御の基本となるのが比例動作です。**比例動作**は、図8.5のように制御出力（弁開度）が制御量（温度）と目標値（設定値）との偏差に比例した値を出します。

前述の図8.2の図中右上に「外乱」とありますが、これは制御を乱す要因のことです。例えば、部屋の温度制御であれば、外気温度や日射、隙間風、在室人員の変化などが外乱となります。

この外乱があると、比例動作では制御出力が偏差によって決まった値となり、熱の収支があるところでバランスし、制御量が目標値にならず偏差が残る場合があります。この偏差を**オフセット**（**定常偏差**）と呼びます（図8.5）。このオフセットを取り去るために、積分動作を加えます。

＊**PID制御**　Proportional（比例）、Integral（積分）、Derivative（微分）の頭文字をとった制御方式のこと。

自動制御の基礎 8-1

図 8.5　動作図（比例動作）

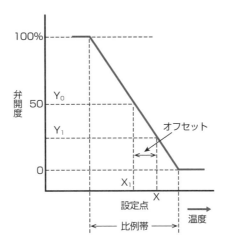

図 8.6　比例 + 積分動作

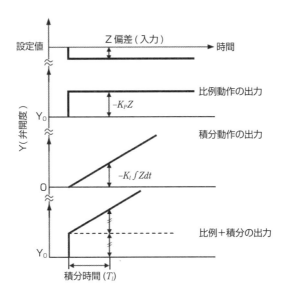

積分動作では、制御出力が偏差があるとその偏差をなくすように訂正動作を働かせますので、外乱の影響によりオフセットがあっても、いずれは制御量が目標値になるように動作します（図8.6）。

なお、積分動作を働かせるためには積分時間を設定します。積分時間は訂正動作の強さを示し、積分時間を長くすると訂正動作は弱く働き、積分時間を短くすると訂正動作は強く働きます。また、積分動作は、比例動作と組み合わせて使用します。

微分動作では、制御出力が偏差の変化率に比例した訂正動作を働かせます。すなわち状況が悪化するのを阻止するように訂正動作を行うのですが、空調設備の温度制御など遅れがある系ではあまり効果が期待できないので使用しません。

制御機器の入出力信号

制御機器の入出力信号は、図8.2における検出部から調節部への入力信号と調節部から操作部への出力信号のように、信号の種類（アナログ信号とデジタル信号）、入力・出力で区別することができます。

アナログ信号は温度、湿度など連続的に変化する信号のことであり、デジタル信号は機器の運転・故障状態など0（OFF、停止、正常）や1（ON、運転、故障）で表現される値をとる信号のことです。

自動制御機器
現場で使用される自動制御機器は、センサ（検出部）、コントローラ（調節部）、制御弁（操作部）などです。

8-2 空調機の制御

管工事検定試験（重要度）★★★☆☆

空調機は空気調和機の略称です。また、空気調和とは空気の温度、湿度、気流、清浄度を部屋の目的に合わせて調整することです。空調機は現場の仕様により多様な装置を用い、様々な制御を行います。代表的な空調機の制御を理解しましょう。

一般的な空調機の制御

温度制御は温度の検出位置により、室内・還気・給気の温度制御方式があります。**室内温度制御方式**は、図8.7のように室内に設置した温度検出器の信号で制御する最も基本的な制御方式です。定風量空調方式として、一般的に採用されています。

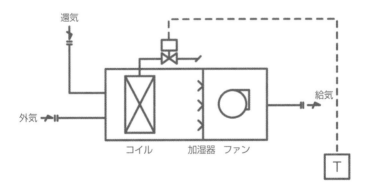

図 8.7　室内温度制御方式

還気温度制御方式は、図8.8のように還気ダクトに挿入した温度検出器の信号で制御します。温度検出器を室内に設置できない場合などに採用されています。

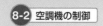

図8.8 還気温度制御方式

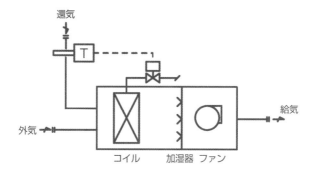

給気温度制御方式は、図8.9のように給気ダクトに挿入した温度検出器の信号で制御します。変風量空調方式や外気処理空調機などに採用されています。

図8.9 給気温度制御方式

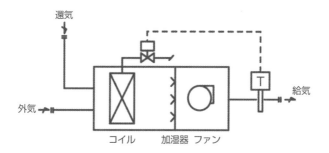

温度制御は、図8.10のように冷水弁・温水弁を制御し、空気を冷却・加熱します。

図8.10 温度制御

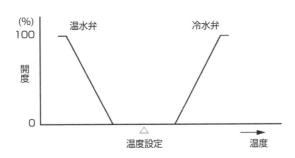

空気線図上では、冷却は図8.11の1→2のように、加熱は図8.12の1→2のように空気の状態が変化します。

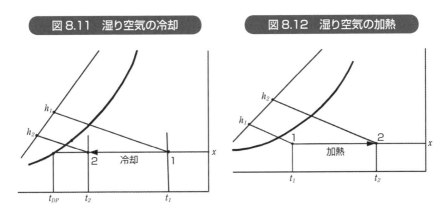

図8.11 湿り空気の冷却

図8.12 湿り空気の加熱

湿度制御は湿度の検出位置により、室内・還気湿度、給気露点温度の制御方式があります。

室内湿度制御方式は、図8.13のように室内に設置した湿度検出器の信号で制御する最も基本的な制御方式です。定風量空調方式で一般的に採用されています。

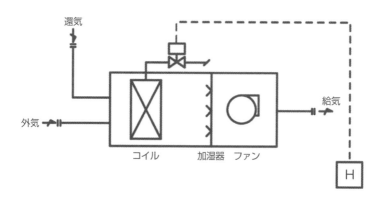

図8.13　室内湿度制御方式

還気湿度制御方式は、図8.14のように還気ダクトに挿入した湿度検出器の信号で制御します。湿度検出器を室内に設置できない場合などに採用されています。

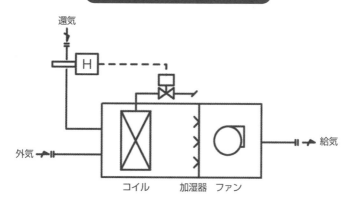

図8.14　還気湿度制御方式

給気露点温度制御方式は、図8.15のように給気ダクトに挿入した露点温度検出器の信号で制御します。変風量空調方式や外気処理空調機などに採用されています。給気湿度（相対湿度）は変化が早いため、制御には絶対湿度を表す露点温度を使用します。

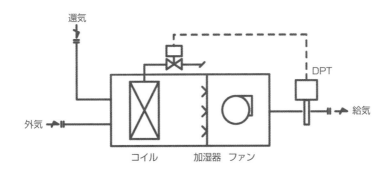

図8.15 給気露点温度制御方式

湿度制御は、図8.16のように冷水弁・加湿弁を制御し、冷却除湿・加湿を行います。

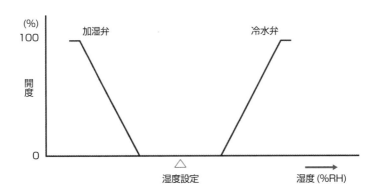

図8.16 湿度制御

空気線図上では、冷却除湿は図8.17の1→2のように、加湿は図8.18の1→2（水加湿）または1→4（蒸気加湿）のように空気の状態が変化します。

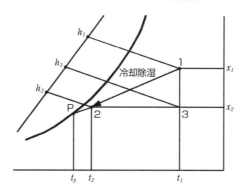

図 8.17　湿り空気の冷却除湿

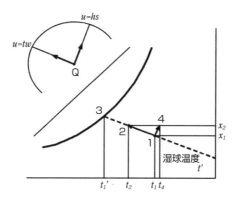

図 8.18　水加湿と蒸気加湿

VAV方式（変風量方式）

　従来は定風量［CAV（Constant Air Volume）方式、図8.19］が一般的でしたが、近年は可変風量装置（Variable Air Volume：VAV）を用いた変風量方式（図8.20）が広く採用されています。

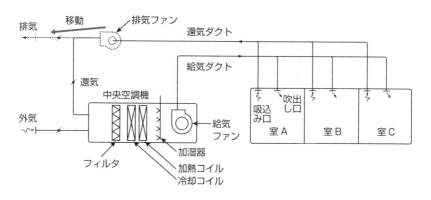

図8.19　定風量単一ダクト方式

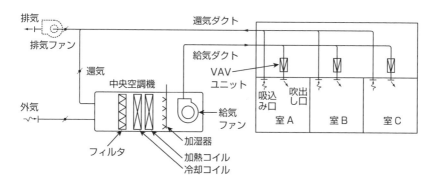

図8.20　変風量単一ダクト方式

8-2 空調機の制御

　定風量方式では、部屋の負荷が少なくても給気ファンの送風量は一定です。しかし、変風量方式では、VAVを制御している調節器（VAVコントローラ）が部屋の負荷に応じて要求風量を演算し送風量を変化させるため、負荷が少ない場合は送風量が減少し、給気ファンの搬送動力を低減できるので省エネルギーとなります。

　また、VAVコントローラはVAVから開度情報（全開、中間開度）を取り出すことができます。同一空調機ダクト系統にあるVAVコントローラからVAV開度情報を収集し、空調機用DDCは給気ファン出力に補正をかけ最適な給気ファン回転数にします（図8.21）。

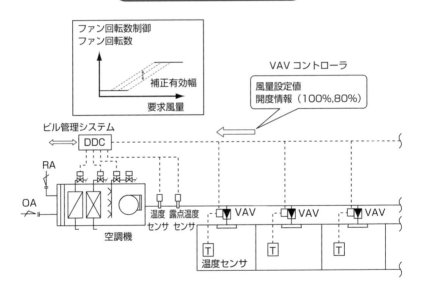

図 8.21　ファン回転数制御

VAVコントローラはVAVの制御状態（過剰、適正、不足）を判定しています。同一の空調機ダクト系にあるVAVコントローラからVAV制御状態を収集し、空調機用DDCは部屋の負荷に過不足なく対応できるように給気温度設定値を自動的に変更し、給気温度を制御します（図8.22）。

図 8.22　給気温度設定最適化制御

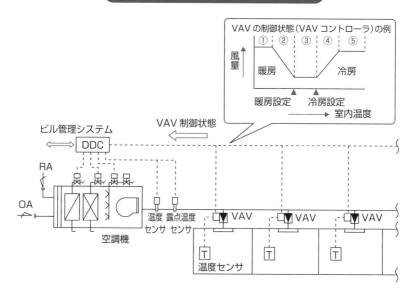

積分動作

空調機停止時には積分動作が働かないように、空調機ファンの運転状態信号を入力し、制御を保留状態とします。

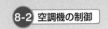

外気冷房

春・秋などに窓を開け、屋外の冷涼な外気を取り入れることで部屋を涼しくできます。こうしてエアコンを運転させなくても部屋を快適な状態にできれば、お金や電気エネルギーの節約・省エネルギーになります。この考えを事務所ビルなどの建築物の温度制御においても適用します。

通常、冷房は冷水弁を制御することで行います。しかし、外気が冷房に有効であれば図8.23のように外気を取り入れることで、冷水の使用量を低減することが可能です。外気を取り入れても目標値にならない場合は、冷水を使用します。

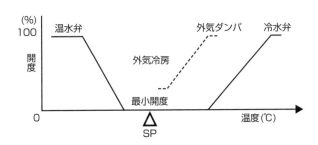

図8.23 温度制御

ただし、外気が冷房に有効かどうかの判断は以下の条件を満たすことが必要です（図8.24）。

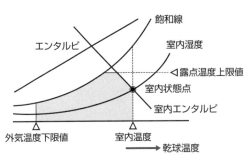

図8.24 外気冷房有効判断

外気冷房有効判断条件：
外気温度＜室内温度
外気エンタルピ＜室内エンタルピ
外気温度下限値＜外気温度
外気露点温度＜外気露点温度上限値

CO_2 制御

　部屋に居住者が居る場合、その居住者の呼吸によりCO_2濃度は上昇し、その部屋の空気が汚れていきます。その汚れを少なくするために一定量の外気を取り入れることが必要です。その外気を必要な空気の状態にするためには、顕熱・潜熱を処理することが必要でその処理負荷のことを**外気負荷**と呼びます。

　通常、外気取入量は給気風量の３割程度で設計されています。この設計時に計画された外気取入量を**設計外気量**と呼びます。室内環境（空気質：CO_2濃度を代表とした指標）がそれほど悪くない状態であれば、図8.25のようにこの外気取入量を減らして外気負荷を低減します。具体的には、CO_2濃度検出器を還気ダクトに設置して、CO_2濃度が基準値（1000ppm）以下の場合に外気ダンパの開度を調節し、外気取入量を減らしていきます（ただし、最小換気量が下限値）。

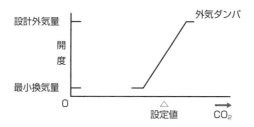

図8.25　CO_2制御

　こうすれば、部屋の室内環境（空気質）を悪化させずに空調することができ、快適性と省エネルギーを両立させることができます。

蒸気加湿弁
停電時の結露や漏水事故防止対策として、蒸気加湿弁にはスプリングリターン型または緊急遮断弁を採用します。

8-3 冷凍機の制御

管工事検定試験（重要度）★★★☆☆

熱源システムの役割は、負荷側（空調機側）で必要な熱量を製造し、送水圧力を一定に制御して、負荷側に供給することです。そのため、冷凍機で冷水を製造し、その冷水を空調機（AHU）やファンコイルユニット（FCU）のコイルにポンプの力で搬送します。

図8.26　密閉配管複式ポンプシステム

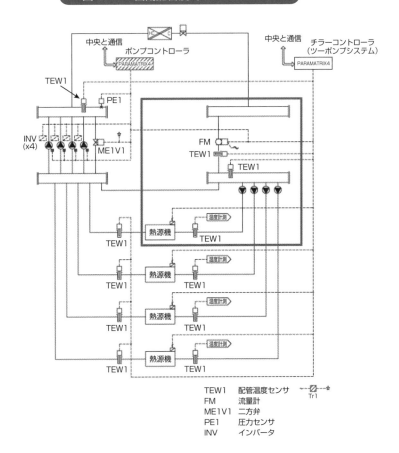

TEW1	配管温度センサ
FM	流量計
ME1V1	二方弁
PE1	圧力センサ
INV	インバータ

198

冷凍機台数制御

空調負荷は季節・月、そして1日の中でも変動します。図8.27はある1日の空調負荷の変化と冷凍機の運転台数を表したものです。

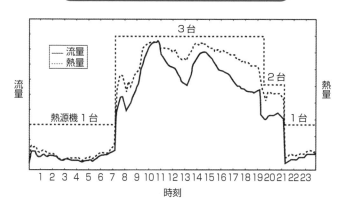

図8.27 1日の空調負荷の変化の例

複式ポンプシステムにおける冷凍機の台数制御は、図8.28のように負荷熱量により必要な運転台数を決定し、冷凍機を運転します。

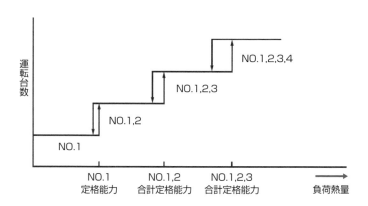

図8.28 熱源機台数制御

8-3 冷凍機の制御

　冷凍機の経年劣化（能力劣化）により負荷側（空調機側）への冷水の送り温度（往水温度）が高くなり過ぎる場合は、運転台数を増やします（**増段補正機能**と呼びます）。

　負荷側（空調機側）からの冷水の返り温度（還水温度）が低すぎる（負荷側で温度差がとれない）場合、冷凍機の保護回路が働き、複数の冷凍機が一斉に停止する場合があります。これを避けるために返りヘッダー側の返り温度（還水温度）を計測し、冷凍機の保護回路が働く前に冷凍機を停止させます。

　これを**減段補正機能**と呼びますが、そのためには、返りヘッダーに設置する温度検出器の位置が重要です。図8.29のように負荷側からの冷水と連通管を通して入ってくる冷水の混合される位置に温度検出器を挿入し、冷凍機側に流れる冷水の温度を的確に計測する必要があります。

図8.29　温度検出器の位置

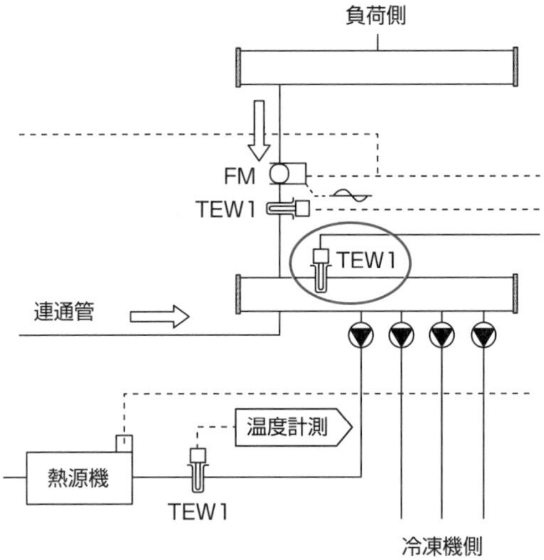

200

二次ポンプの制御

　複式ポンプシステムにおける二次ポンプの制御は、図8.30のように負荷流量により必要なポンプの運転台数を決定し、ポンプを運転させます。

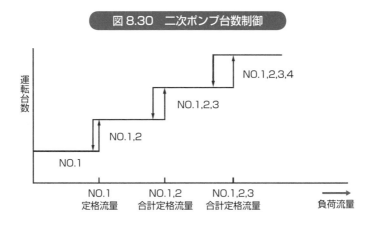

図8.30　二次ポンプ台数制御

　また、送水圧力が変動すると空調機側の制御弁を通過する冷水の流量が変動し、温度制御に悪影響を与えます。それを避けるために往きヘッダーに挿入された圧力発信器により送水圧力を計測し、その送水圧力が設定値となるようにポンプのインバータやバイパス弁の制御を行います。

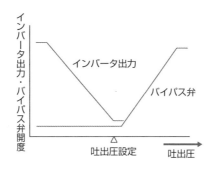

図8.31　送水圧力（吐出圧）制御

　図8.31は送水圧力としてヘッダーの吐出圧を計測・制御した例です。吐出圧の制御にあたっては、図のようにインバータ出力を減少させ、それでも吐出圧が高い場合はバイパス弁を制御します。

一次ポンプの制御

　一次ポンプは関連する冷凍機と連動して運転します。
従来は冷凍機の定格流量に合わせた定流量でポンプを運転していました。しかし近年ではインバータを採用した変流量方式とし、負荷流量に合わせてポンプの搬送動力を低減させ、省エネルギーとなるようにしています（図8.32）。

図8.32　一次ポンプインバータ制御

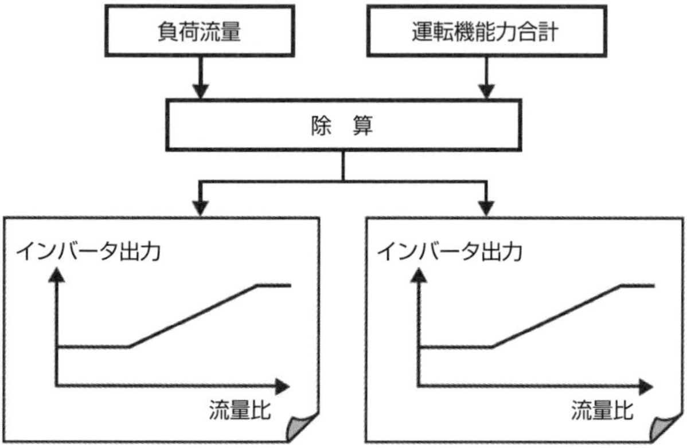

　この際、流量変化のスピードに注意が必要です。あまり急激に流量を減少させると、冷凍機内の熱交換器が破損する場合があります。冷凍機の能力追従に関する情報を冷凍機メーカーに確認し、ポンプの流量変化スピードを設定・調整します。

冷却水の制御

冷却水ポンプは冷凍機と連動して運転します。冷却水の冷却塔出口温度により、冷却塔ファンのON/OFF制御によって冷却水を冷やします（図8.34）。また、冷凍機の冷却水入口温度により、冷却水3方弁制御を行い冷却水の冷やし過ぎを防止します（図8.35）。

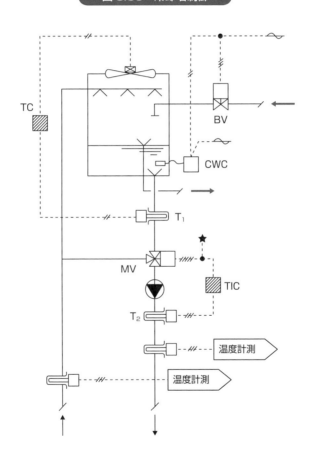

図8.33　冷却塔制御

8-3 冷凍機の制御

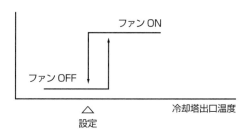

図 8.34　冷却塔ファン制御

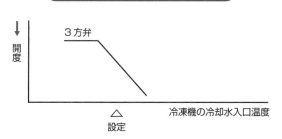

図 8.35　冷却水 3 方弁制御

　図8.36のように冷凍機の冷却水入口温度が下がると冷凍機の成績係数（COP）は向上するので、冷凍機が許容できる範囲で冷却水入口温度設定を下げると省エネルギーとなります（許容できる温度は冷凍機メーカーに確認）。

図 8.36 冷却水入口温度と COP（成績係数）

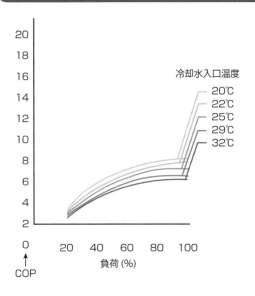

　また、冷却塔内の冷却水は大気と接触するので汚染され水質が悪くなります（開放式冷却塔の場合）。冷却塔内に導電率計を設置し、冷却水の導電率が設定値を超えた場合は補給水でブローすることで冷却水の水質悪化を防ぎます（図8.37）。

図 8.37 冷却水水質制御

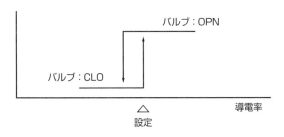

BEMS（ビル管理システム）

建築物設備の監視・操作は、中央監視室や防災センターに設置されるBEMS（ビル管理システム）により行います。

BEMSはBAS（中央監視）やBMS（設備管理）、EMS（エネルギー管理）などの機能を包含したものです。

▼表8.1　BEMS（ビル管理システム）

	BEMS：室内環境とエネルギー性能の最適化を図るためのビル管理システム Building and Energy Management System			
一般的な名称	ビルディングオートメーションシステム 中央監視システム	設備管理支援システム	エネルギー環境管理システム	施設運用支援システム
	BAS (Building Automation System)	BMS (Building Management System)	EMS (Energy Management System)	FMS (Facility Management System)
利用者	建物管理技術者	建物管理技術者	建物管理技術者 設計・施工者 性能検証担当者	建物所有者 建物管理技術者
主な機能	設備機器状態監視 警報監視 運転管理 （スケジュール） 設備の自動制御	設備機器台帳管理 修繕履歴管理 保全スケジュール管理 課金データ	エネルギー管理 室内環境管理 設備運用管理	資産管理 ライフサイクルマネジメント (LCM) 図面管理 (CAD)

地球温暖化防止対策や省エネルギー対策のため、エネルギー管理機能をBEMSに採用するケースも増えています。

温度検出器

締切り運転防止のため、ポンプのデリベリ（吐出し）側に温度検出器を挿入し、温度異常の場合は警報とします。

Chapter 9

給水設備

　給水設備は、建物内で使用する水を供給する設備で、一般的には水道水を水道管から引き込み、水道直結方式や受水槽方式で水使用箇所に給水を行います。水を飲用、炊事用、入浴用、洗濯用、便所洗浄用など種々の用途に用いるために、必要な量の水を、必要とされる適正な圧力で、水質を劣化させずに衛生的で安全に、かつ安定して供給することが求められます。本章では、給水設備工事で基本となる貯水槽、ポンプ、給水系統のゾーニング、給水配管に使用される管材・継手について、その概要を理解しましょう。

9-1 貯水槽まわり

管工事検定試験（重要度）★★★★★

飲料水貯水槽の設置については、外部からの汚染防止と保守点検の観点から建設省（現国土交通省）告示により、その設置位置や構造などの技術上の基準が定められています。

貯水槽の設置

貯水槽は、一般的に受水槽や高置水槽を指し、給水設備において最も水が汚染される可能性の高い部分であるため、基準に定められた次のような点に留意して設置すると共に保守点検も日常行う必要があります。

- 飲料水貯水槽は、図9.1に示すように外部から有害物質が入らないよう床上に独立して設置し、さらに保守点検が容易かつ安全に行えるよう水槽の周囲6面（天井、底、周壁）に必要な点検スペースを確保しなければなりません。
- 飲料水貯水槽の内部に飲料水以外の配管を設けると、それらの管の腐食などによる漏水により、飲料水を汚染する可能性があるため、飲料水以外の配管を通してはいけません。
- 飲料水貯水槽の上部に、ポンプ、ボイラ、空気調和機などの機器を設けることはできるだけ避け、やむを得ず設置する場合には、飲料水貯水槽を汚染することのないように排水受け皿や二重スラブを設けます。
- 高置水槽を塔屋屋上などに設置する場合には、保守点検や清掃時に用具を携帯するため、高置水槽に至るまでの安全な通路と高置水槽回りに十分な点検スペースの確保が必要となります。さらに、必要に応じて通路に手すりなどの転落防止措置も施します。
- 最下階の床下など、浸水が溜まるような場所に飲料水受水槽を設置する場合には、水槽のオーバフロー管から汚れた水が水槽内に逆流してくるおそれがあるため、その浸水を容易に感知し、中央監視室や管理人室などへ警報を発する装置を設置

する必要があります。

図 9.1 貯水槽の設置方法

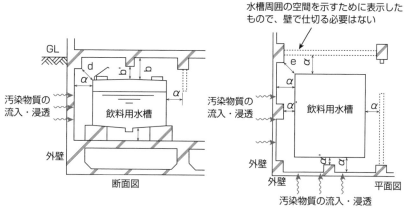

注　a,b,c のいずれも保守点検を容易に行い得る距離とする（標準的には a,c≧60cm、b≧100cm）。また、はり・柱などは、マンホールの出入りに支障となる位置としてはならず、a,b,c,d,eは保守点検に支障のない距離（45cm以上）とする。

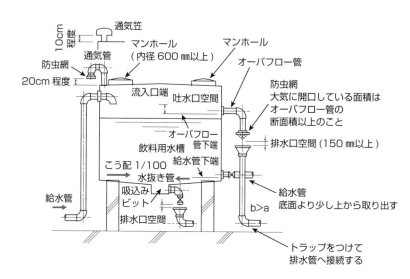

出典：空気調和・衛生工学便覧（第14版）給排水衛生設備編、(公社)空気調和・衛生工学会

9-1 貯水槽まわり

水槽まわりの配管など

　飲料水貯水槽は、完全に密閉されていない開放型水槽であり、外部からの汚染を完全に防止することができないため、図9.1に示す受水槽の構造例のように、水槽内の水が汚染されないよう注意することが必要です。

- 槽への給水管の流入口端とオーバフロー管との間には、有効な吐水口空間を確保する必要があります。
- ほこりその他、衛生上有害なものが入らない構造のオーバフロー管と通気管を有効に設けます。なお、通気管は2m³以上の容量の貯水槽に設置します。
- オーバフロー管、通気管の開放口には、耐食性のある樹脂製などの防虫網を設置します。防虫網は、大気に開口している面積がオーバフロー管、通気管の断面積以上であるものを使用します。
- 飲料水貯水槽の点検・清掃のため、水槽底部には1/100程度の勾配を設け、さらに水槽内の水が完全に抜けるよう最低部には排水溝や吸込みピットを設け、水抜き管を取り付けます。水抜き管はオーバフロー管とは接続せず、単独で排水管に開放します。
- 水槽のオーバフロー管および水槽の水抜き管には、近接の排水管が閉塞した場合に、この配管から飲料水貯水槽へ排水が逆流してくることを防止するため、排水口空間（管径に関わらず150mm以上）を有する間接排水とします。
- 水槽と配管の接続部には、水槽の破損を防止するため、可とう継手（変位吸収管継手）を設置します。
- 災害発生時での貯留水の流出を防止するため、水槽に緊急遮断弁を設置する場合もあります。
- 飲料水貯水槽には、点検・清掃のためにマンホールを設置します。マンホールの内径は60cm以上とし、雨水やほこりが侵入しないよう隙間のない構造とします。また、マンホールは水槽の天井面より10cm以上立ち上げて設置し、施錠できるものとします。さらに、雨水などの侵入を防ぐため、水槽の天井面に1/100程度のこう配を付けます。
- 定期的に行う水槽清掃時に断水させることのないように、水槽を2基に分割して設置するか、水槽内に中仕切り板を設け2槽構造としておきます。

9-2 給水方式

管工事検定試験（重要度）★★★★☆

給水ポンプについて、高置水槽方式、ポンプ直送方式、水道直結増圧方式の各方式で使用される給水ポンプの特長や制御方法などを理解しましょう。

給水ポンプ

ポンプには多くの種類があり、それぞれ流体（水）を送り出す原理が異なっています。建物の給水用としては、一般に遠心ポンプが使用されます。遠心ポンプではケーシング内で羽根車が回転することによって水に遠心力が生じ、水は外周方向に移動して吐出し口まで送り出されます。

一方、羽根車の中央部は真空状態となるため、水源から水が連続的に吸い込まれていきます。この場合、吸込み管には常に水が充満している必要があるため、水源がポンプより低い位置にある場合には呼び水装置とフート弁を設置します。

羽根車は、連結された電動機によって回転力が与えられますが、遠心ポンプの吐出能力は主に羽根車の大きさ、枚数、回転数によって決まります。

ポンプは用途に応じて、陸上ポンプ・水中ポンプ、縦形ポンプ・横形ポンプ、単段（羽根車1枚）ポンプ・多段（羽根車複数枚）ポンプのほか、羽根車の吸込み方法により片吸込みポンプ・両吸込みポンプなどの種類があります。さらに、遠心ポンプは渦巻きケーシングを有する図9.2の渦巻きポンプと案内羽根を有する図9.3のディフューザポンプ（タービンポンプ）に分類されます。

9

給水設備

211

9-2 給水方式

図9.2 渦巻ポンプの原理

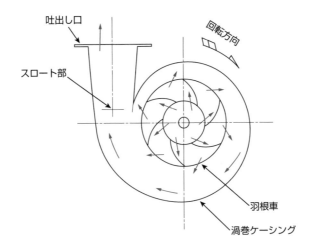

図9.3 ディフューザポンプの原理

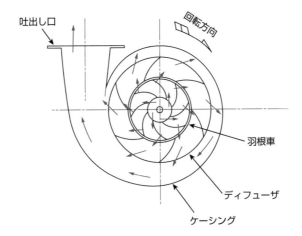

給水方式 9-2

高置水槽給水方式（揚水ポンプ）

　高置水槽方式は、水道水を受水槽に貯留し、図9.4、図9.5に示すような揚水ポンプにより屋上などに設置した高置水槽に揚水し、高置水槽から重力式で各所に給水する方式です。高置水槽への給水は、槽内に設置した電極棒で水位を検知してポンプの発停を制御しています。各階で水が使用され、水槽内の水位が所定のポンプ運転水位まで低下すると、揚水ポンプが起動して高置水槽に揚水を開始し、ポンプ停止水位まで水位が上昇すると揚水ポンプが停止します。この動作を繰り返して給水を行います。揚水ポンプは予備を含めて2台設置し、交互運転を行います。

図9.4　床置型揚水ポンプの例

提供：株式会社荏原製作所

図9.5　揚水ポンプユニットの例

提供：株式会社川本製作所

ポンプ直送給水方式（直送ポンプ）

ポンプ直送給水方式は、水道水を受水槽に貯留し、図9.6に示すような直送ポンプ（加圧ポンプ）によって必要箇所に加圧給水する方式です。

図9.6　推定末端圧一定制御ポンプユニット（縦形）の例

提供：株式会社川本製作所

直送ポンプは圧力検知装置により起動させますが、ポンプの制御方法には、ポンプの回転数をインバータ制御により可変させて給水流量を制御する方法、複数に分割設置されたポンプの同時運転台数を可変させて制御する方法、およびこれらの組み合わせにより制御する方法があります。

さらに、瞬時の使用流量の変動にポンプの吐出し量を追随させるため、ポンプの回転数を制御する方法として、ポンプの吐出し圧力を一定にする吐出し圧一定制御、流量と圧力損失の関係から圧力設定値を決め、末端圧力を一定にする推定末端圧力制御があります。

また、深夜など少流量時のポンプ発停の頻度を少なくするため、小型圧力タンクが設置される場合が多く、直送ポンプ・検知装置・小型圧力タンク・制御盤などを一体化した加圧給水ユニットが多用されています。

なお、雑用水給水系統をポンプ直送方式で給水する場合に、ポンプ停止時に便器の洗浄弁が急に使用されるとポンプ起動のタイムラグにより必要な給水流量の供給が間に合わず、最上階で一時的に給水管内が負圧となり、作動された洗浄弁からエアが吸い込まれることがあります。その状態で別の洗浄弁が使用されると、給水管内に吸い込まれたエアが水と共に噴き出し、周囲を汚してしまうなどのトラブルの生じるおそれがあるため、タイムラグの間に必要となる水量をあらかじめ保持しておける圧力タンクの設置が必要となる場合があります。

水道直結増圧給水方式（増圧ポンプ）

水道直結増圧給水方式は、水道引込み管に図9.7に示すような増圧ポンプを直接接続して加圧し、10階程度の中層の建築物に給水する方式です。この方式は、簡易専用水道に該当しない10m^{3}以下の小規模受水槽において、清掃の義務がないことから非衛生となりがちな受水槽の設置を抑止する方式として開発されたものです。

図9.7　直結増圧ポンプユニットの例

提供：株式会社荏原製作所

水道管に増圧ポンプを直結することで水道本管の水圧が利用できます。受水槽が不要で衛生的ですが、水道本管が負圧になった場合に建築物側の水が水道本管へ逆流しないように、逆流防止装置をポンプの吸込み側に設置する必要があります。さらに、給水管内の空気の排出と給水管内が負圧になった場合の逆流防止のために、吸排気弁を設置する必要があります。

　増圧ポンプは、前述のポンプ直送給水方式と同様のポンプを使用しますが、増圧ポンプ、逆流防止装置（減圧式逆流防止器など）、制御盤をコンパクトにユニット化した製品が多用されています。この方式は、水道事業体によっては認められない場合があります。

　また、引込み管径（量水器口径）の制限があり、病院やホテルなどの使用水量が多い建築物や危険物質を扱う工場などは、適用外とされます。最近では、増圧ポンプを中間階に直列に設置して高層建築物に適用できる直列多段方式、増圧ポンプを並列に設置して大規模建築物に適用できる並列方式も一部の水道事業体で適用されています。

貯水槽のスペース確保
貯水槽の吐水口空間、排水口空間、6面点検スペースを確保します。

配管で留意すること
配管でのクロスコネクション、ウォータハンマーに留意しましょう。

9-3 給水ゾーニング

管工事検定試験（重要度）★★★★★

給水器具や給水装置を適正に機能させるためには、必要な水圧を確保するとともに、それらに過大な圧力が加わらないよう高層建物ではゾーニングを行って給水します。

必要水圧

給水栓、シャワー、洗浄弁、ガス湯沸かし器などの給水器具や装置が機能を果たすためには、表9.1に示す適正な給水圧力が必要となります。ここで示す給水圧力とは、器具の流水時の必要圧力です。

▼表9.1　器具の流水時必要圧力

器　具	流水時必要圧力 [kPa]
大便器洗浄弁	70
小便器洗浄弁	70
タンクレス便器	50
一般水栓	30
自動水栓	50
ボールタップ	30
シャワー	70
ガス瞬間湯沸かし器　4〜5号 　　　　　　　　　　7〜16号 　　　　　　　　　　22〜30号	40 50 80

　給水圧力がこれらの値より高すぎると、使用勝手に支障をきたすのみでなく、給水管内の流速が速くなりウォータハンマ（水撃作用）が生じ、それにより配管の騒音や振動の発生、継手部の緩みや抜けによる漏水などの事故の原因となります。

　そのため、給水圧力は集合住宅、ホテル客室、病室などの私生活の場においては300〜400kPa以下、事務所建物などの一般建物においては400〜500kPa以下に保つ必要があります。

9-3 給水ゾーニング

圧力によるゾーニング

　給水系統を区分することを**ゾーニング**と呼びます。高層・超高層建物では1系統で給水すると、下層階において給水圧力が過大となり、器具類の機能障害やウォータハンマなどの発生原因となります。そのため、高層建築の場合は、上述の給水圧力を目安として、給水系統を縦方向に2系統以上に分けたゾーニングを行います。

　ゾーニングの方法には、図9.8に示すように中間水槽を設置し、高層系統と低層系統に配管をそれぞれ分けて給水する方法、図9.9に示すように給水配管の途中に減圧弁を設置して減圧弁以降の給水圧力を下げる方法があります。一段減圧の場合の減圧弁は、ダイアフラムなどの故障時に減圧弁の主弁が開状態となる構造のものを使用します。

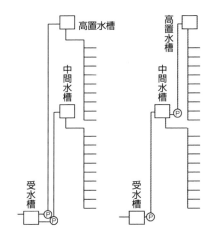
図9.8　中間水槽によるゾーニング

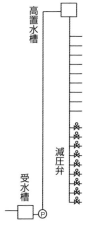
図9.9　減圧弁によるゾーニング

また、ポンプ直送給水方式の場合には、図9.10に示すように給水配管の途中に減圧弁を設置して給水する方法や系統別にポンプを分けて給水する方法があります。

図9.10　ポンプ直送方式によるゾーニング

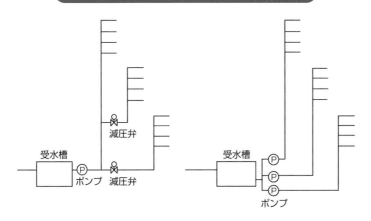

水質の劣化
有害物質の浸出、腐食、上水の滞留による水質劣化に留意しましょう。

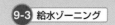

その他によるゾーニング

給水系統によるゾーニングは、上述の給水圧力によるゾーニングが一般的ですが、そのほかに給水設備の保守管理面から、次のように用途や使用目的に応じて区分する場合もあります。

- 用途別によるゾーニング
  ・上水系統、雑用水系統、貯湯槽補給水系統、空調補給水系統。
- 部門別、使用目的別によるゾーニング（図9.11）

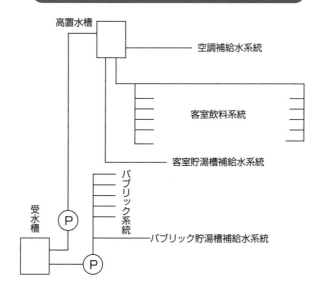

図9.11 ホテルの使用目的別ゾーニングの例

- ホテル：客室飲用系統、客室貯湯槽補給水系統、パブリック飲用系統、パブリック貯湯槽補給水系統。
- 病院：病室系統、診療室系統。
- スポーツ施設：管理棟系統、アリーナ棟系統、プール棟系統。

9-4 給水配管・継手

管工事検定試験（重要度）★★★★☆

給水設備で用いられる配管と継手の材料について、給水配管に必要とされる性能規定や管種ごとによる特長と接続法などを概説しています。

給水配管材料の規定

給水設備の配管材料は、建築基準法施行令第129条の2の5第2項3号に次のように規定されています。

- 当該配管設備から漏水しないものであること
- 当該配管設備から溶出する物質によって汚染されないものであること

さらに、水道管に直接接続された給水配管やこれに直結する給水栓などの給水用具は、水道法による**給水装置**としての適用を受けますが、給水装置の材質は同法施行令第4条の4により、「水が汚染され、又は漏れるおそれがないものであること」と規定され、「給水装置の構造及び材質の基準」に適合した給水管、給水用具を使用する必要があります。耐圧性能の基準では、1.75MPaの静水圧を1分間加えたときに、水漏れ・変形・破損その他の異常を生じないこととされています。

給水配管材料

従来、給水配管の主流であった水道用亜鉛めっき鋼管（SGPW）は、腐食による赤水の発生や漏水などにより、現在は給水用としては使用されていません。JISの配管名称も「水道用亜鉛めっき鋼管」から「水配管用亜鉛めっき鋼管」に代わっています。

現在使用されている給水配管用管材は、耐食性を有する合成樹脂ライニング鋼管、ステンレス鋼鋼管、銅管、各種の合成樹脂管などが主なものとなっています。

9
給水設備

9-4 給水配管・継手

　ライニング鋼管とステンレス鋼鋼管の大口径配管（100 A以上）は、フランジ接合またはハウジング接合とします。また、給水圧力が1MPaを超える場合には、高圧配管用のスケジュール管を使用します。

合成樹脂ライニング鋼管

　合成樹脂ライニング鋼管は、「配管用炭素鋼鋼管（SGP）」（JIS G 3452）を原管とし、その内面に合成樹脂をライニングすることで鋼管の強度と合成樹脂の耐食性を併せ持たせたものです。主なものには、水道用硬質塩化ビニルライニング鋼管（JWWA K 136）と水道用ポリエチレン粉体ライニング鋼管（JWWA K 132）があります。

　地中埋設管には鋼管外面からの腐食を防止するため、外面も合成樹脂でライニングした内外面ライニング鋼管と外面樹脂被覆継手を使用します。

　合成樹脂ライニング鋼管の接合では、管端部が水に接して腐食しないよう、ねじ接合の場合は、必ず管端防食継手（図9.12）を使用します。大口径管で使用されるフランジ付合成樹脂ライニング鋼管（図9.13）では、配管用炭素鋼鋼管にフランジを溶接加工し、鋼管内面およびフランジ面に合成樹脂をライニングする際に、水が接する部分（ガスケットなどの当たり面）までライニングを施す必要があります。

　なお、管端防食継手の使用にあたっては、次のような注意が必要です。

①防食部を破損する可能性があるので、継手を過大なトルクで締め込むことは避けます。
②継手は直管と同一メーカーのものを使用します。
③管端防食継手の再使用は避けます。

給水配管・継手 9-4

図 9.12 管端防食継手の例

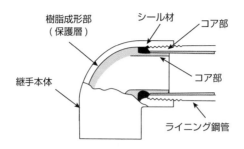

■コア一体型A型

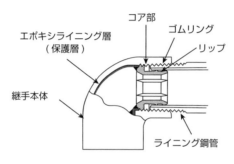

■コア組込み型B型

図 9.13 フランジ付合成樹脂ライニング鋼管の例

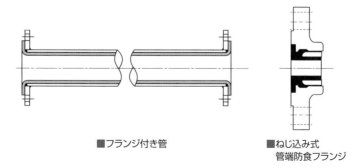

■フランジ付き管　　　　■ねじ込み式
　　　　　　　　　　　　　管端防食フランジ

9-4 給水配管・継手

ステンレス鋼鋼管

　ステンレス鋼鋼管は耐食性があり、近年では給水・給湯配管に多用されています。給水配管に使用される薄肉の一般配管用ステンレス鋼鋼管と、高圧用で厚肉の配管用ステンレス鋼鋼管があり、一般配管用ステンレス鋼鋼管の管径（管外径）は25 SUまでは銅管の外径と、30 SU以上は鋼管の外径と同じです。また、配管用ステンレス鋼鋼管では、管の呼び径・外径は鋼管と同じです。

　一般配管用ステンレス鋼鋼管の接合は薄肉のため、図9.14に示すメカニカル型接合となり、現場で多く採用されていますが、配管の抜けを阻止する管離脱防止機構と、止水機能を果たすゴムパッキンの耐久性が重要なポイントとなります。

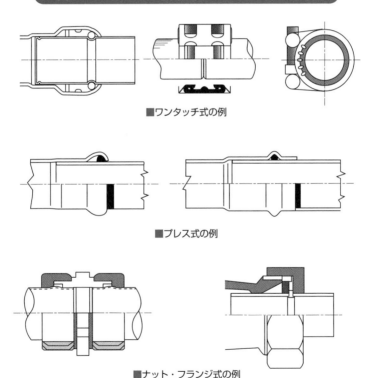

図9.14　ステンレス鋼鋼管のメカニカル型接合の例

■ワンタッチ式の例

■プレス式の例

■ナット・フランジ式の例

また、大口径の場合は、図9.15に示すフランジ接合となります。

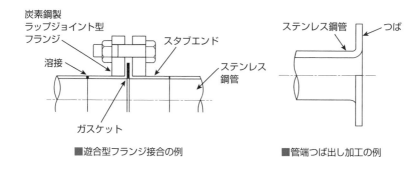

図9.15 ステンレス鋼鋼管のフランジ接合の例

■遊合型フランジ接合の例　　　　　■管端つば出し加工の例

なお、ステンレス鋼鋼管の使用にあたっては、次のような注意が必要です。

①管内面の酸化保護被膜を保護するため、保管時や施工時に異物の付着や傷を付ないように養生します。
②曲げ加工時には、大きな残留応力がかからない方法で行います。
③フランジ接続を行う場合、使用するガスケットはテフロン製（テフロン被覆）とします。
④残留塩素濃度が高めである雑用水給水管には、ステンレス鋼鋼管（SUS304）の使用を避けます。

防火区画貫通部
防火区画貫通部の配管仕様に留意しましょう。

9-4 給水配管・継手

合成樹脂管

　給水設備に使用される合成樹脂管には、硬質ポリ塩化ビニル管 (VP)、ポリエチレン管 (PE)、ポリエチレン二層管、架橋ポリエチレン管 (XPE)、ポリブテン管 (PB) などがあります。硬質ポリ塩化ビニル管 (VP) は**塩ビ管**とも呼ばれており、合成樹脂管の代表的な管材です。これに耐衝撃性を付加した耐衝撃性硬質ポリ塩化ビニル管 (HIVP) もあり、これは加圧系統に使用します。接合方法は、管の外面に接着剤を塗って継手の受口に差し込み (TS接合)、接合面の管外面と継手内面を溶かして接着する接着接合です。なお、耐衝撃性硬質ポリ塩化ビニル管には、専用の接着剤を使用します。

　架橋ポリエチレン管、ポリブテン管は、耐熱性・可とう性があり、集合住宅や戸建住宅でのさや管ヘッダ工法などで給水・給湯配管に使用されています。接続については、架橋ポリエチレン管はメカニカル型接合か電気融着接合 (二層管に使用) となり、ポリブテン管は図9.16に示すようにメカニカル式継手、電気融着式継手、熱融着式継手となります。

　熱融着式継手は、熱で配管と継手の接続面を加熱し溶かして接合する方法であり、電気融着式継手は、電熱線が埋め込まれた継手に電流を流して接続面を加熱し溶かして接合する方法です。接合装置への供給電圧が変動しないように管理することが重要となります。

　合成樹脂管は一般的に耐食性があり、軽量で施工性が良い材料ですが、衝撃に弱く、また、線膨張係数が大きいため、配管の伸縮量の吸収、適正な支持間隔や支持方法、クリープ現象による劣化*などに注意する必要があります。

***クリープ現象による劣化**　応力が長時間継続することにより、配管の変形が時間経過と共に進んでいく状態のこと。

図9.16　ポリブテン管の接合方法の例

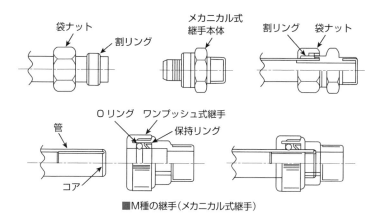

■M種の継手（メカニカル式継手）

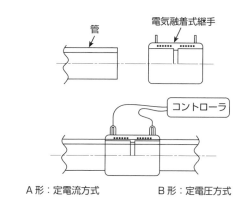

■E種の継手（電気融着式継手）

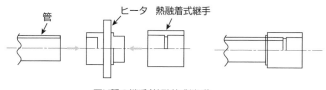

■H種の継手（熱融着式継手）

出典：空気調和・衛生工学便覧 第14版、機器・材料編、(公社)空気調和・衛生工学会

9-4 給水配管・継手

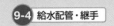 **銅管**

　銅管は、従前より給湯配管に使用されてきましたが、最近では配管のプレハブ化・ユニット化の面から、軽量で加工性・施工性の良い配管材として給水配管にも使用されています。

　給湯配管での使用と異なり、給水配管において銅管は、ほとんど腐食事例は見られていません。肉厚の厚い順にK・L・Mのタイプがあり、給排水衛生設備ではL・Mのタイプの銅管が使用されています。

　銅管の接続は差込み接合となりますが、呼び径25A以下の小口径管にはメカニカル型接合も使用されます。差込み接合は継手の受け口に銅管を差し込んでその部分を加熱し、受け口と銅管との隙間に32A以下の配管の場合は**軟ろう**を、40A以上の配管の場合は**硬ろう**を加熱融解させ、毛細管現象で流し込んで接合します。

Chapter 10

給湯設備

給湯設備は、建物内で使用する湯を供給する設備です。給水設備から供給された水を給湯設備で加熱し、局所給湯方式や中央式給湯方式により使用箇所に給湯します。湯を飲用、炊事用、入浴用などの用途に用いるため、給水設備と同様に、必要な量の湯を、必要とされる適正な圧力で、水質を劣化させずに衛生的で安全に、かつ安定して供給することが求められます。さらに給湯設備では、配管の腐食や伸縮、配管や機器からの熱損失、省エネルギー化などにも考慮する必要があります。本章では、給湯設備工事で基本となる貯湯槽、熱交換器、ガス瞬間湯沸かし器、電気温水器、給湯ボイラなどの加熱装置について、その概要を理解しましょう。

10-1 貯湯槽、熱交換器

管工事検定試験（重要度）★★★★☆

中央式給湯方式に用いられる加熱装置、貯湯槽、熱交換器などについての概要とそれらの設置時のポイントを理解しましょう。

中央式給湯方式

中央式給湯方式は、ホテル・病院などの湯の供給箇所が多い建物に採用されます。図10.1に示すように機械室に加熱装置、貯湯槽、循環ポンプなどの給湯設備を設置し、湯を配管により必要箇所に供給する方式です。湯を使用しない時の配管内の湯温の低下を防ぐために返湯管を設け、配管や貯湯槽からの熱損失に相当する湯量を循環ポンプで循環しています。

図10.1　中央式給湯方式（下向き供給方式）の例

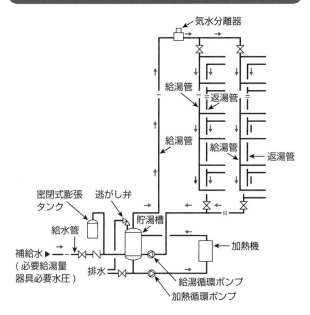

加熱装置

　給湯用の加熱装置として、瞬間湯沸かし器、加熱コイル付きの貯湯槽、温水ボイラ（真空式・無圧式）、自然冷媒ヒートポンプ給湯機（通称：エコキュート）、ヒートポンプ給湯機と温水ボイラを組合せたハイブリッド給湯システム、コージェネレーションシステムなどの廃熱利用のための熱交換器、電気温水器などがあります。

　瞬間湯沸かし器は、小規模な給湯設備にそのまま使用されますが、上記の温水発生機を中央式給湯の加熱装置に使用する場合には、ピーク使用時に対する加熱能力のものとすると非常に大きな加熱能力となるため、適切な加熱能力を有するものを選び、貯湯槽と組み合わせて設置します。

貯湯槽

　貯湯槽には、槽内に加熱装置が組み込まれているものとそうでないものがあり、加熱装置付きの貯湯槽は、加熱装置で発生させた蒸気や温水を貯湯槽内の加熱コイルに通し、貯湯槽内の水を間接的に昇温するものです。加熱装置が組み込まれていない貯湯槽は、温水ボイラや温水発生器などの加熱装置で発生した湯を加熱装置との間で循環させて昇温します。

　槽内が満水状態で常時水圧のかかっている密閉型貯湯槽と槽内が大気開放されている開放型貯湯槽（図10.2、図10.3）があります。

　密閉型貯湯槽は原則として第１種圧力容器の適応を受けますが、開放型は適用外となります。このように開放型貯湯槽は圧力がかからないため、ＦＲＰ製のものもあり、高置水槽のように屋上に設置して重力式で給湯する場合と、下層階に設置し加圧給湯ポンプで圧送して給湯する場合があります。また、密閉型貯湯槽は、設置スペースを小さくできる立て形貯湯槽が多く使われています。

　貯湯槽の容量は、加熱装置の加熱能力により決定されますが、過大な容量は停滞水による水質劣化を招く原因となるので注意する必要があります。給湯負荷が季節などで大きく変動する場合には貯湯槽を数基に分けて設置したり、稼働台数を増減させるなどして対応します。

10-1 貯湯槽、熱交換器

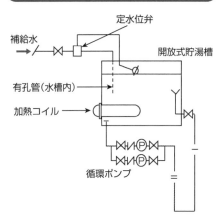

図 10.2　開放型貯湯槽（重力式）の例

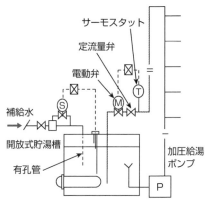

図 10.3　開放型貯湯槽（加圧式）の例

　また、貯湯槽は、使用圧力・内容積・内径・長さの仕様により、労働安全衛生法で定める圧力容器（小型圧力容器、第1種圧力容器、第2種圧力容器）に分類され、月1回～年1回の定期自主検査や性能検査を行う必要があります。営業上給湯を停止できない施設では、貯湯槽を数基に分けて設置することが必要となります。

熱交換器

　給湯用の熱交換器には、シェルアンドチューブ式やプレート式などが用いられています。加熱装置の蒸気や高温水を熱交換器に通して水を昇温させます。
　シェルアンドチューブ式では、蒸気－水熱交換器、高温水－水熱交換器として使用されます。プレート式は、高温水－水熱交換器として使用され、シェルアンドチューブ式にくらべると高性能でコンパクトであり、伝熱板を増減できるため、負荷に合わせた伝熱面積の変更が可能です。

10-2 ガス湯沸かし器

管工事検定試験（重要度）★★★★☆

湯沸かし器の例として、ガス瞬間湯沸かし器と熱効率を改善させた潜熱回収型ガス瞬間湯沸かし器、ガス瞬間湯沸器を複数台連結したガスマルチ式給湯器の概要や設置等のポイントを理解しましょう。

ガス瞬間湯沸かし器

ガス瞬間湯沸かし器は、元止め式と先止め式に分類できます。元止め式は、住宅用に多く使用されています。図10.4に示すように湯沸かし器本体のボタンで湯沸かし器への流入側の給水栓を操作し、湯を出したり止めたりするため、給湯配管は接続できず、湯沸かし器に取り付けられた専用の出湯管から直接給湯する方式です。湯沸かし器を流し台などの上部に設置して使用します。5号型の小型湯沸かし器のみが市販されています。また、湯沸かし器からの排気ガスが、設置場所で直接排出されるため、換気扇などの換気設備が必要となります。

図10.4　元止め式ガス瞬間湯沸かし器の作動例

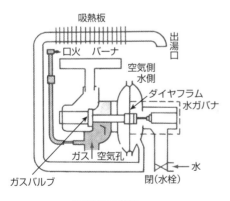
■水栓閉の状態

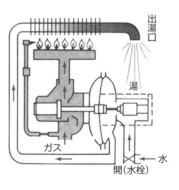
■水栓開の状態

10-2 ガス湯沸かし器

　先止め式は、住宅用のほか業務用にも用いられており、図10.5に示すように湯沸かし器に給湯配管を接続し、配管末端の給湯栓の開閉により、湯沸かし器内の水流や圧力の変化を感知してガスの点火・消火を行い給湯する方式です。

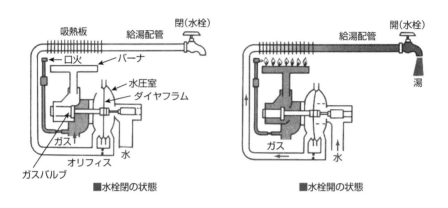

図10.5　先止め式ガス瞬間湯沸かし器の作動例

　さらに、湯沸かし器に組み込まれた制御装置で湯の温度を設定すると、その温度を維持できるようになっています。湯沸かし器の設置場所と給湯箇所が離れている場合にも使用できます。多種類の湯沸かし器が市販されており、浴槽の追い焚き機能付きや給湯・暖房兼用などのガス瞬間湯沸かし器も住宅用として使用されています。

　また、先止め式ガス瞬間湯沸かし器には、「家庭用ガス温水機器」(JIS S 2109)により、給湯栓を閉じた直後の熱交換器の余熱で内部の水が膨張し、熱交換器内の圧力が高くなることを防止するための過圧防止安全装置（逃がし弁）が設置されています。

潜熱回収型ガス瞬間湯沸かし器

　一般のガス瞬間湯沸かし器は、湯が使用されると湯沸かし器内で通水が開始され、ガスバーナーが燃焼します。給水が銅製の一次熱交換器を通過するときに燃焼排ガスと熱交換し水が昇温され、湯となって供給される構造となっています。このときの熱効率は約80％といわれています。潜熱回収型ガス瞬間湯沸かし器（通称：エコジョーズ）では、捨てていた約200℃の燃焼排ガスを利用して、給水を二次熱交換器で予備加熱しています。

　この過程で、燃焼排ガス中の水蒸気が水に戻る（凝縮する）際の潜熱が回収され加熱が行われますが、水蒸気からの凝縮水は酸性の水質となるため、中和器でpHを約6～7にして排水管より排水しています。

　二次熱交換器で予備加熱された給水は、一次熱交換器で高温の燃焼排ガスにより再加熱され湯として供給されます。これにより、この湯沸かし器の熱効率は95％と高効率となります。また、二次熱交換器の材質には一次熱交換器に用いた銅製ではなく、耐食性の高いチタン製やステンレス製のものが用いられています。

ガス瞬間湯沸かし器の能力

　ガス瞬間湯沸かし器の加熱能力表示に号数が用いられます。
　1号とは、1L/minの水の温度を25℃上昇させる能力を示し、1号の加熱能力は、次式のように1.74 kWになります。

$$1号 = 1L/min \times 1kg/L \times 25℃ \times 4.186 \text{ kJ/(kg・℃)}$$
$$= 104.65 \text{ kJ/min} \div 60\text{s/min} = 1.74 \text{ kW}$$

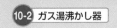

ガスマルチ式給湯器

　ガスマルチ式給湯器は、ガス瞬間式湯沸かし器を複数台連結してユニット化したもので、必要湯量に対応し湯沸かし器の運転台数を制御して給湯を行うものです。現在のところ、32号または50号の瞬間湯沸かし器をそれぞれ連結したシステム（32号と50号との混在はしない）を使用し、最大24台まで接続できます。

　この給湯器は業務用で使用され、返湯管を設けて給湯循環システムとして使用する場合と、返湯管を設けずに即湯システムとして使用する場合などがあります。

給湯設備の留意点

- 加熱装置には安全装置を設置しましょう。
- 配管に伸縮継手を設置しましょう。
- レジオネラ属菌対策に留意しましょう。
- 循環ポンプの容量、揚程に留意しましょう。
- 管材、パッキンなどの材質に留意しましょう。

10-3 給湯機（ヒートポンプ式給湯機を含む）

管工事検定試験（重要度）★★★★☆

局所式および中央式給湯設備に使用される給湯機、温水器、加熱装置について、それらの種類、構造、特長などを理解しましょう。

電気温水器

家庭用で使用される電気温水器は、給水を90℃程度に加熱して温水器のタンク内に貯湯し、洗面、炊事、浴槽などへ給湯するものです。学生寮や賃貸の集合住宅など、ガス使用を避けたい施設で使われています。

また、事務所ビルなど一般建物の洗面所や給湯室では、局所式給湯設備として、図10.6に示すような小型の貯湯式電気温水器が使用されています。床置き式や壁掛け式などがあり、洗面カウンターや流し台の下部、流しの近接壁などに設置されます。

図 10.6　小型電気温水器の例

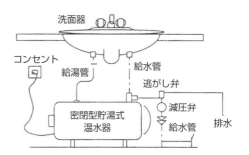

10-3 給湯機(ヒートポンプ式給湯機を含む)

　さらに、貯湯式電気温水器は、密閉式と開放式に分けられます。開放式の貯湯式電気温水器は、温水器から給湯栓までの落差による圧力で給湯し、一般に高温給湯の飲料用として用いられます。食器洗いなど雑用と兼用して高温水を使用する場合は、火傷防止のため高温専用給湯栓を使用します。

　密閉式の貯湯式電気温水器は、給水圧力が利用できるため水と混合して手洗いや食器洗いなどに使用でき、1台で飲用の高温水と雑用の混合湯を供給できる飲雑両用給湯器もあります。密閉式温水器は、使用圧力が0.1 MPa以下の制限を受けるため、使用にあたっては、温水器給水管に減圧弁を設置するほか、温水器からの膨張水を排水管に間接排水する排出装置を設置する必要があります。

　なお、家庭用の電気温水器では、使用圧力が0.2 MPa以下のものも使用できるようになりました。

給湯ボイラ

　給湯ボイラは、缶体、燃焼または熱源装置、制御・安全装置から構成され、ガス・油の燃焼熱や電気の発生熱で水を昇温して供給する装置です。

　給湯ボイラには貯湯式と瞬間式があり、貯湯式給湯ボイラは短時間に多量の湯が必要となっても、貯湯タンクに湯を貯留しているため、その間の供給は可能です。

　瞬間式給湯ボイラは、一般に貫流ボイラが使用されています。出湯量の変化により出湯温度が変化するため、シャワーなどに給湯する場合には、注意が必要になります。

温水発生器

　温水発生器には真空式と無圧式があり、前述したように加熱コイルを持たない貯湯槽と組み合わせて使用します。

　真空式温水発生器は、温水発生器本体・燃焼装置・熱交換器・抽気装置・自動制御装置・溶解栓・圧力スイッチなどで構成されています。温水器本体内は抽気装置により常に大気圧以下の減圧状態に保たれ、温水器の運転が開始されると、封入されている熱媒水が沸騰して減圧蒸気となり、熱交換器でこの蒸気から給水に熱交換されて湯が供給される構造となっています。

　無圧式温水発生器は、温水発生器本体・燃焼装置・熱交換器・熱源ポンプ・補給水装置・自動制御装置などで構成されています。温水器本体は大気開放タンク構造になっており、常に大気圧に保たれているため、熱媒水は100℃を超えることがありません。温水器の運転が開始されると、熱媒水温度が上昇し、熱交換器で熱媒水から給水に熱交換されて湯が供給される構造となっています。大気開放タンクから缶水が一部蒸発するため、補給水を供給する必要があります。

　なお、これらの温水発生器は、温水器内部の圧力が大気圧以下の状態で使用するため取扱いが容易で、ボイラの取扱作業責任者や性能検査が不要となることから、多用されています。

ヒートポンプ式給湯機

　ヒートポンプ式給湯機は、図10.7に示すように大気中の熱をヒートポンプの圧縮機で汲み上げて水を加熱し、温水をつくるものです。投入した電気エネルギーの3〜4倍のエネルギーが得られ（この値を**COP**と呼びます）、CO_2発生量は燃焼式給湯機と比べると約1/3程度と少なくなります。

10-3 給湯機（ヒートポンプ式給湯機を含む）

　また、自然冷媒ヒートポンプ式給湯機は、従来から使用されているフロン系冷媒に比べ地球温暖化係数が低く、オゾン層を破壊しない二酸化炭素（CO_2）冷媒を使用したヒートポンプユニットにより水の加熱を行っています。高い温度の温水（90℃）を得るのに効率が良く、装置はヒートポンプユニット（圧縮機、電動機、空気熱源機、膨張弁）と貯湯ユニットで構成されています。

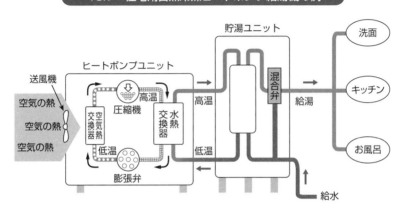

10.7　住宅用自然冷媒ヒートポンプ給湯機の例

　室外機の設置については、装置と大気が有効に熱交換できるスペースの確保、騒音、転倒防止に配慮し、貯湯タンクではタンクの排水方法、騒音、転倒防止、更新時の搬出入の経路について配慮する必要があります。

複合熱源加熱装置

　加熱装置として、図10.8に示すようにヒートポンプ式給湯機と給湯ボイラなどを組み合わせた方式で、**ハイブリッド給湯システム**とも呼ばれています。給湯負荷に合わせて種々のシステムがありますが、例えば、割安な夜間電力を利用してヒートポンプ式給湯機で専用の貯湯タンクに90℃の湯をつくって溜めておき、翌日の給湯に使用し、貯湯タンクの湯を使い切ってしまった場合には、ヒートポンプ式給湯機の運転を再開し、さらに湯が不足する場合には、そのバックアップとして給湯ボイラなどを運転することにより湯切れをさせないよう制御できます。このように、エネルギー効率の高いヒートポンプ式給湯機の特長を活かした運転が可能となります。

図10.8　複合熱源加熱装置の例

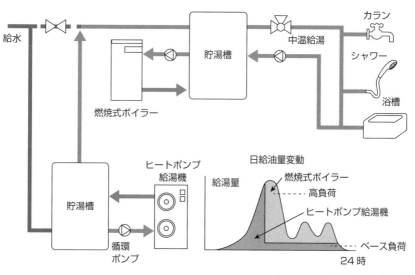

出典：北陸電力株式会社ホームページ

10-3 給湯機（ヒートポンプ式給湯機を含む）

memo

Chapter **11**

排水通気設備

　私たちが利用しているトイレやお風呂、流しなどからの生活排水と雨水は、建物内排水管、排水桝、屋外排水管の順で流下し、最終桝を経由して公共下水道（下水道本管）などに放流されています。便器や洗面器などの衛生器具には、下水管からの臭気や害虫が侵入するのを防ぐために、排水トラップが設けられています。また、通気管は排水管内の流れを円滑にするのと、排水したときの管内の圧力変動からトラップの封水を保護する目的で設置します。本章では、排水通気設備の基本事項、配管材、排水器具、排水槽、屋外排水管などについて理解しましょう。

11-1 排水通気管の基本事項

管工事検定試験（重要度）★★★★★

建物内の排水は、配管にこう配をつけて屋外に排水します。動力を使用しない自然流下方式であるため、排水を円滑に流せるような配管方式とすることが重要です。ここでは、排水通気管特有の基本的な事項について理解しましょう。

排水の種類と排水方式

一般的な建物の排水は、便器からの排水（汚水）、洗面器や流し、湧水などの排水（雑排水）と雨水に分類されます。工場や病院などからは薬品を含んだ排水や放射性の排水（**特殊排水と呼びます**）なども排水されます（図11.1）。

汚水と雑排水を別々の配管で排水する方式を**分流式**といい、ひとつの配管で排水する方式を**合流式**といいます。建物内で雨水と接続することは禁止されており、屋外の排水桝で合流させます。ディスポーザ排水やプール排水なども単独配管とし、受水槽やちゅう房器具などの排水は間接排水とし排水口空間をとる必要があります。

図11.1 排水の種類

建築基準法および下水道法では汚水と雑排水、雨水の2種類に分類しており、雨水と合流させて排水する場合を合流式と呼ぶので注意が必要です。公共下水道が分流式の場合は、雨水とそれ以外の生活排水は、それぞれの系統の公共下水道に接続します（表11.1）。なお、公共下水道が整備されていない地域では、浄化槽で処理した後で雨水系統へ放流します。

公共下水道などの放流水質基準を超えるちゅう房排水や特殊排水などは、**除害施設**を設けて処理してから放流します。さらに、雑用水（トイレの洗浄用水など）として利用可能な水質まで処理して使用することを**排水再利用設備**と呼びます。また、潜熱回収型ガス給湯器のドレン水を雨水系統に放流可能かどうかは、自治体に確認が必要です。

▼表11.1 排水方式（合流式、分流式）

方式	建物内	公共下水道
合流式	汚水＋雑排水	（汚水＋雑排水）＋雨水
分流式	汚水	汚水＋雑排水
	雑排水	雨水

＊雑排水には、特殊排水を含む。

排水基準

排水量が50m³／日以上の場合は、下水道管理者に届け出が必要です。また、大規模な飲食施設などは、都道府県条例に定める排水基準を超えない処置をする必要があります。

11-1 排水通気管の基本事項

排水管内の流れ

洗面器などの器具からの排水は、配管内を満流で流れているわけではありません。排水立て管に接続する排水横枝管では管の底面を排水（液相部）が流れ、上部には空気（気相部）があります。

横枝管から排水立て管に流入した排水は、ある程度の流量までは管の内壁に沿って流れ、中心部分は空気層となっています（図11.2）。空気と管壁の抵抗があるので、高い建物からの排水でも一定以上の流速になることはありません（**終局速度**と呼びます）。

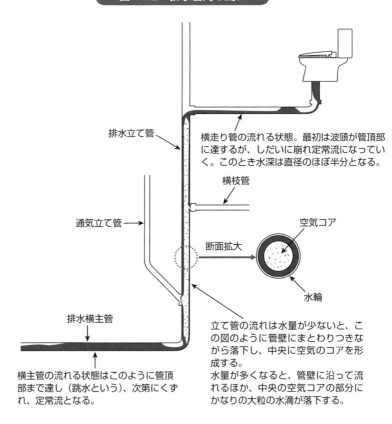

図11.2　排水管内の流れ

11-1 排水通気管の基本事項

　排水立て管から横引きされた排水横主管部分では、流れの方向が大きく変わるので排水が跳ね上がり排水管内を閉塞させ正圧となり、トラップの封水を吹き出すことがあります。そのため、管内圧力の変動を緩和するために通気立て管が必要です（図11.3）。なお、最下階の排水は、屋外の排水桝まで単独で配管します。

　また、パイプシャフトが平面的に移動するなどにより、排水立て管が45°以上移動することを**オフセット**と呼び、排水の流れに影響を与えるので注意が必要です。

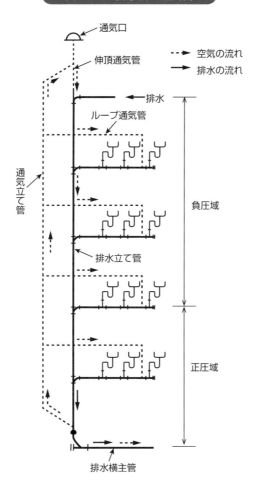

図11.3　排水管と通気管

11-1 排水通気管の基本事項

排水管のこう配

自然流下式の排水横引き管には、適切なこう配が必要です。こう配は管径によって定められています。排水は水と固形物の混合状態なので、こう配が大きいと水だけが流れ固形物が管内に残ってしまったり排水管を破損したりするので、流速が0.6〜1.5m／s程度の範囲になるようなこう配とします（表11.2）。

▼表11.2 排水管のこう配

管径	65A以下	75、100A	125A	150〜300A
こう配（最小）	1／50	1／100	1／150	1／200

通気方式

建物内で用いられる代表的な通気方式には、以下のものがあります。通気管の末端には、通気口金物（ベントキャップ）を取り付け、外気に開放して排水管内の圧力変動が少なくなるようにしています（図11.3）。

①伸頂通気方式：排水立て管の頂部を立ち上げ、通気管とするものです。
②ループ通気方式：排水横枝管に設ける通気管です。必ず、器具のあふれ縁より150mm以上立ち上げてから通気立て管に接続します。
③特殊継手排水システム：器具からの排水の流れを円滑にし排水立て管内の流速を減速する機能を持ったガイドを設けた継手（一般に、**排水集合管**と呼ばれる）を使用することにより、通気立て管を省略したものです。主に集合住宅やホテルで用いられています（図2.14）。

ポイントアドバイス

夜間の便器排水騒音

集合住宅では、夜間の便器排水騒音の問題が生じることがあります。便器の下にクッション材を設け、排水管に遮音シートを巻くなどの対策を行います。

排水通気管の基本事項 **11-1**

配管材の種類と用法

　排水管や通気管として使用されている配管材の種類は多く、接合方法もたくさんあります。配管材を選定するときには、①排水温度、②溶剤や化学薬品などが含まれているか、③使用する環境 (屋内か埋設か、圧力がかかるか、耐火性能が必要か) などに注意します。なお、2-1節 配管材料と特徴の項を併せて参照ください。

　代表的な配管材には、排水用硬質塩ビライニング鋼管 (DVLP)、硬質ポリ塩化ビニル管 (VP)、排水用耐火二層管、排水用ノンタールエポキシ塗装鋼管などがあります。排水用耐火二層管は、保温施工が不要です。排水用鋳鉄管や配管用炭素鋼鋼管 (SGP白)、排水用鉛管は、最近は使用例が少なくなっています。屋外排水管には、鉄筋コンクリート管 (ヒューム管) と塩ビ管が使用されます。

　注意点としては、以下のようなものがあります。

①樹脂管で排水温度が高い場合は、最高使用温度の確認と伸縮対策が必要です。

②区画貫通部は適切に処理します。

③夜間の流水騒音対策として、居室に面した排水管には保温材に加えて鉛板などの遮音シートを巻きます。

④塩ビ管の接合は保持時間をとるとともに、管内に溶剤がこもらないように注意します (ソルベントクラック対策)。

　なお、管径の大きい塩ビ管が壁や床の防火区画を貫通する部分には、区画貫通処理が必要です (表11.3、図1.20)。最近は、耐火性能を備えた塩ビ管 (耐火VP) および継手も販売されています。

▼表11.3　防火区画を貫通できる塩ビ管 (排水・通気)

鉄板の覆いの有無	防火構造	30分耐火構造	1時間耐火構造	2時間耐火構造
覆いがない	100mm以下		75mm以下	50mm以下
0.5mm厚以上の鉄板の覆いがある	125mm以下		100mm以下	75mm以下

出典：平成12年建設省告示第1422号

11-1 排水通気管の基本事項

　排水用の継手には、固形物を含む排水を自然流下できるように、配管と継手の内面の段差が小さくなるようリセス（くぼみ）がつけられています。

　排水鋼管用可とう継手（MDジョイント）、排水用硬質ポリ塩化ビニル管継手（DV継手）などが広く使用されています。DV継手には施工状況が確認しやすい透明なものもあります（表11.4）。

　ポンプ圧送配管用には抜け止め機能をもった継手があり、ちゅう房排水用には清掃時の傷がつきにくい内面ライニングなどを施したものが開発されています。ねじ込み式排水管継手（ドレネジ継手）は管端ねじ部が腐食しやすいため、採用が少なくなっています。なお、2-2節 配管の接合方法の項を併せて参照ください。

▼表11.4　排水管の接合方法と継手

管　種	接合方法	継　手
排水用硬質塩ビライニング鋼管	メカニカル	MDジョイント
硬質ポリ塩化ビニル管、耐火二層管	接着	DV継手
排水用ノンタールエポキシ塗装鋼管	ねじ	管端防食継手、ドレネジ継手
鉄筋コンクリート管	ゴム輪	

配管材料の選定

配管材料は、排水温度や有機溶剤などの薬品類の有無などに注意して選定します。塩ビ管などでは伸縮対策を検討します。

11-2 排水トラップ、掃除口

管工事検定試験（重要度）★★★★☆

洗面器などの衛生器具には排水トラップを設けます。また、排水管には清掃などの維持管理のために掃除口が必要です。ここでは、トラップの役割とその構造、トラップの種類、掃除口の設置基準と注意点について理解しましょう。

トラップの構造と種類

　排水トラップは、下水管からの臭気や害虫が侵入するのを防ぐために設けられています。基本は、トラップに水（封水）をためておくことによって機能しています。便器のように器具に内蔵されたものと洗面器などのように器具に付属させたもの、床排水やグリース阻集器のように単独で設置するものとがあります。

　トラップの深さ（封水深）は、5cm以上10cm以下（ただし、阻集器を兼ねるトラップは、5cm以上）とするよう規定されています。最近は、排水していないときは自己閉鎖膜や弁体を閉じて臭気を遮断する、非水封式トラップも部分的に使用されています。

　トラップの種類は、機能上からサイホン式と非サイホン式に分類されます。また、構造上の違いからそれぞれ**管トラップ**と**隔壁トラップ**とも呼びます（図11.4、図11.5）。**サイホン式トラップ**にはPトラップ、Sトラップ、Uトラップがあり、排水が満流で流れると封水が減少する自己サイホン作用を生じやすいとされています。**非サイホン式トラップ**には、床排水金物に用いるわんトラップやドラムトラップなどがあります（図11.6）。

　なお、二重トラップや、台所流しで付属の蛇ばら管でトラップを形成することは禁止されています（図11.7）。

11-2 排水トラップ、掃除口

図11.4 サイホン式トラップ（管トラップ）

■(1)Pトラップ　■(2)Sトラップ　■(3)Uトラップ

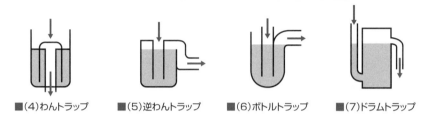

図11.5 非サイホン式トラップ（隔壁トラップ）

■(4)わんトラップ　■(5)逆わんトラップ　■(6)ボトルトラップ　■(7)ドラムトラップ

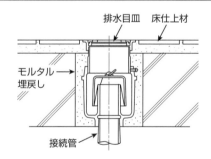

図11.6 床排水トラップ（非防水型）設置例

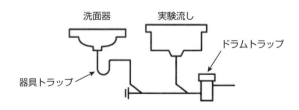

図11.7 二重トラップの例

掃除口設置例と注意点

　掃除口は、排水管内の点検や清掃を行うために設け、床上型（COA、COB）と床下型（COC）とがあります。トイレなどで床洗いをするような箇所には、防水皿のついた防水型（COB）を使用します。

　実際の維持管理の上では、床下型は天井内に設置されるので点検口が必要となり、床上掃除口はその階の床面で作業ができるので有効です。掃除口の大きさは、管径が100A以下の場合は同一管径とし、100Aを超える場合には管径以上とします。防水型の場合は、アスファルトなどの防水層を受けつばに巻き付け止水しています（図11.8、図11.9）。

図11.8　床上掃除口（非防水型、防水型）

出典：ダイドレ株式会社ホームページ

図11.9　床上掃除口（防水型）の設置例

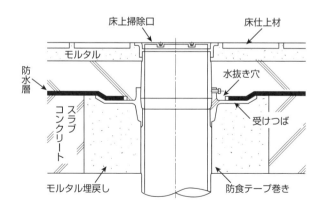

11-2 排水トラップ、掃除口

　掃除口の設置位置は、排水管の起点部や長い配管の途中、流れの方向が大きく変わる箇所の清掃のしやすい箇所とします。排水立て管では最下部・最上部およびその途中に設け、排水横管では管径が100A以下では15m以内、100Aを超える場合は30m以内に設置します。

　「住宅の品質確保の促進等に関する法律（品確法）」では、評価基準（新築住宅）等級3とするためには、「最下階および3階以内おきの中間階または15m以内ごとに掃除口を設けること。」と規定されています。

　掃除口は清掃が共用部からできるように計画しておきます。ちゅう房排水は油分などが詰まりやすいので、高圧洗浄を定期的に実施します。下流側から上流に向かって清掃していくので、作業がしやすい位置にも設けておくことが大切です。その場合、掃除口は45°継手で取り出すのではなく、T継手（チーズ）を上向きに取り出しておくと噴射ノズルを挿入しやすくなります（図11.10の②の掃除口など）。

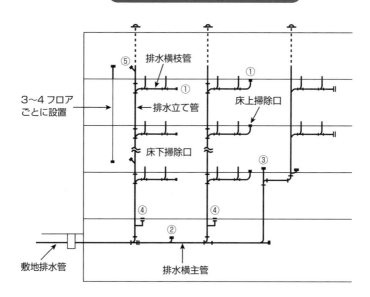

図11.10　掃除口の設置位置

11-3 通気管の施工

管工事検定試験（重要度）★★★★☆

排水によって生じる管内の圧力変動を緩和し、排水トラップの封水を保護するために通気管を設けます。ここでは、通気管に関する基本事項と末端の開放先に関する留意点などについて理解しましょう。

通気管の基本事項

通気管の種類には、①伸頂通気管、②通気立て管、③ループ通気管、④各個通気管、⑤共用通気管、⑥湿り通気管、⑦逃し通気管、⑧結合通気管などがありますが、一般的なビルでは、主に①～③の通気方式が使用されています（図11.3）。

内部を空気が流れているだけの通気管ですが、正しく施工しないと器具のトラップの封水が吸引されて臭気があがったり、便器などから吹出したりすることがあります。

通気立て管は、最下階の排水横枝管より低い位置で排水立て管から取り出します。ループ通気管などは排水横引き管の上部45°以内の角度で取り出すようにします。ループ通気管を床下で通気立て管に接続（**低位通気管**と呼びます）することは禁止されており、器具のあふれ縁の高さより150mm以上立ち上げてから接続しなければいけません。

通気管の末端は、排水管内の圧力変動を緩和するために、通気口（ベントキャップ）により直接外気に開放します。通気口には防虫網などを設けます（図11.12）。凍結や積雪のおそれがあり外気に開放できない通気管の端部や器具排水管には、一定の条件のもとで設置が認められている排水用通気弁（通称ドルゴ通気弁）を設置することがあります。ただし、通気弁は配管内が負圧時のみに有効で、正圧を緩和する機能はありません。

11-3 通気管の施工

通気管開放先の留意点

　通気管内からは排水の臭気があがるので、通気管の末端は建物の窓などから適切な距離を離した位置で外気に開放することが重要です。屋上面で垂直に立ち上げる場合なども、臭気対策を考慮した位置で開口します。

　通気管の末端は、以下の点に注意して設置します（図11.11）。

①建物の窓や出入口、空調設備の給排気口などの開口部から600mm以上立ち上げるか水平距離で3m以上離します。

②臭気がこもりやすい庇などの下部には設置しない。

③屋上を物干し場などで利用する場合は、屋上から2m以上立ち上げます。

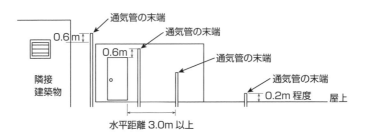

図11.11　通気管の開放位置

ループ通気管

排水横管に設けるループ通気管は、通気立て管に接続するときは、床下で接続せずに、必ず衛生器具のあふれ縁より150mm以上立ち上げて接続します。

外壁貫通処理

通気管の末端は、前項で解説したような位置で外気に開放します。配管が外壁を貫通する場合および外壁に通気口を設置して開放する場合は、貫通部および外壁部仕上げ材と通気口のすきまは、雨水の侵入がないように確実にシーリングします。なお、外壁面が結露水で汚れないように、通気口への通気管の接続は、立て管に向かって1/100程度の下がりこう配とします（図11.12、図1.16参照）。

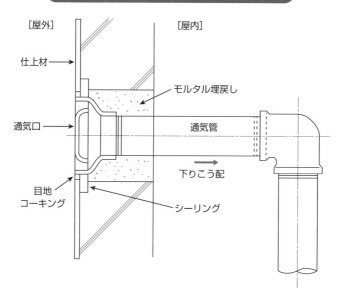

図11.12　通気口（埋込み型）の設置例

屋上の防水層部分を貫通して配管などを取り出す場合には、配管立ち上げスペース（**ハト小屋**と呼びます）を利用します。配管作業や維持管理の際に点検ができるように、点検口を設けておくか片面をブロック積みにしておきます。庇の長さは、貫通部に雨が吹き込まないように45°以上となるようにします（図1.25参照）。

11-4 排水槽の施工

管工事検定試験（重要度）★★★☆☆

　地階部分からの排水は、排水槽にためて排水ポンプで屋外に放流します。汚水槽や雨水槽などの構造、排水ポンプの種類や設置方法などについて理解しましょう。

排水槽と排水ポンプの種類

　排水槽は貯留する排水の種類によって、汚水槽、雑排水槽、湧水槽、雨水槽などに分類されます。雑排水槽は排水の種類別に、ちゅう房排水槽や機械排水槽などを設けている場合もあります。

　排水槽は、一般に地下コンクリートピットを利用して設置します。有効容量は、排水量の変動が少ない場合は時間平均排水量の1時間分、変動が大きい場合は1.5～2時間分とし、過大にならないようにします。また、ポンプの最短運転時間（5～10分程度）以上の容量とします。

　大規模開発施設などで公共下水道の受け入れに余裕がなく、排水を夜間に放流するよう指導がある場合には貯留槽（夜間放流槽）を設けます。長時間貯留すると嫌気性雰囲気により硫化水素が発生するので、腐敗臭気防止のためにブロアなどのばっ気かく拌装置を設置します。

　排水ポンプは、表11.5に示すように排水中の固形物の排出能力により、汚物用、汚水用、雑排水用に分類されます。

▼表11.5　排水ポンプの種類

種　類	対象排水	最小口径
汚水ポンプ	湧水、雨水、浄化槽処理水など	40mm
雑排水ポンプ	小さな固形物を含んだ排水	50mm
汚物ポンプ（一般）	ちゅう房排水や便器排水などの固形物を含んだ排水	80mm
同上（ボルテックス型）		65mm

258

排水ポンプの種類により、吸込み口や羽根車の形状に違いがあります。便器の排水やちゅう房排水のように固形物を多く含む排水の場合には汚物用ポンプを使用します（図11.13）。

特殊な場合を除き水中型ポンプが使用され、ポンプの故障時に備えて2台以上設置するようにします。なお、吐出し管は、自然流下方式の排水管などに接続しないで、屋外の排水桝まで単独配管としなければなりません。

図11.13　水中型排水ポンプ（汚水、汚物）

出典：株式会社川本製作所ホームページ

最近は、便器に排水ポンプユニットを直接接続したものや、排水ヘッダーとポンプにより器具からの排水を即時に排水するシステムも普及してきています（**圧送排水システム**と呼びます）。

以下のような利点があります。
①床下排水槽が不要で、定期的な排水槽の清掃も不要となる。
②排水管が床上で処理できるので、水回りの増設や位置の変更が容易で、スリーブあけなどの建物躯体への影響を小さくすることができる。
③ポンプによる圧送のため、こう配が不要で排水管を小口径とすることが可能。

11-4 排水槽の施工

汚水槽

　汚水槽は排水および臭気が漏れない構造とし、雑用水槽などとは隣接しないように配置します。ちゅう房排水槽などでは硫化水素を主成分とする腐食性が強いガスが発生しやすいので、槽内面を防食塗料などで処理することが必要となります。槽内の配管支持金物も同様です。ポンプの故障時対策として、上部に余裕空間（運転水位の2倍程度）を確保するようにします。

　排水槽には通気管を設け、自然流下方式の排水通気管などに接続しないで、単独で外気に開放します。内部の保守・点検が容易にできる位置に、内径600mm以上の防臭型マンホールを設け、槽内にはタラップを設けます。排水槽の底部には、維持管理がしやすいように、ポンプの吸込みピット（釜場）に向かって1/15以上1/10以下のこう配と階段を設けます。

　汚水槽の場合はマンホールを2か所設け、人が槽内に入らずに容易に引き上げられるように着脱装置付の排水ポンプとします。ポンプの吸込みピットは、ポンプ吸込み部周囲に200mm以上を確保できる大きさとします（図11.14、図11.15）。

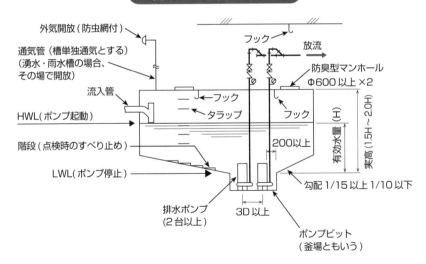

図11.14　汚水槽の構造

図11.15 排水ポンプの設置例（釜場）

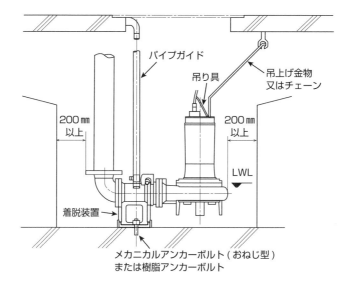

　排水ポンプは、図11.16に示すように水位による運転とし、汚水槽やちゅう房排水槽では電極棒だと油脂などが付着し誤作動するので、フロートスイッチとします。ポンプの吐出側に設ける逆止弁は、詰まりにくい構造の汚水用のものを使用します。

図11.16 ポンプの運転制御（2台の例）

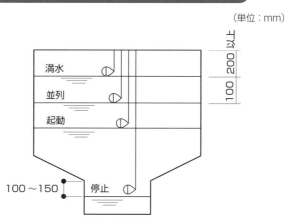

11-4 排水槽の施工

　床下のコンクリート躯体を利用しているため、汚水槽容量が過大になりがちであるので、悪臭の発生防止のために、タイマー（2時間程度）による強制運転を指導している自治体もあります（**ビルピット**対策と呼びます）。

　また、既存の排水槽では、図11.17に示すような小規模の排水槽（バレル）と小型の排水ポンプをユニット化した即時排水型ビルピット設備を設置する方法もあります。なお、汚水槽は年に2回以上の定期的な清掃が必要です。

図 11.17　即時排水ビルピット設備

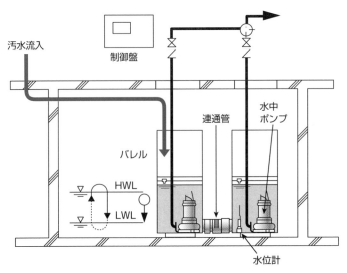

出典：日本産業機械工業会排水用水中ポンプシステム委員会ホームページ

ポイントアドバイス

排水槽の清掃・管理

悪臭防止のため、排水槽は適切に清掃・管理し、屋外排水桝内での硫化水素の気中濃度を10mg/L以下となるようにします。

雨水槽

　雑用水（便器洗浄用や散水用など）の原水として利用する場合を除くと、一般に雨水はそのまま屋外に放流します。雨水は蒸留水なのでそれ自体はきれいですが、屋根面や道路面からの雨水は土砂などを含んでいるため、雨水槽に貯留する場合には清掃が容易なように、槽の流入部分に砂だまり（沈砂槽）を設けることがあります。

　ドライエリアの雨水槽などは、台風やゲリラ豪雨で一時的に大量の雨水が流入することがあり、あふれると地下機械室などに大きな被害を及ぼすおそれがあります。槽の容量や排水ポンプの算定にあたっては、その地域の過去の最大降雨量を参考に、余裕をもって決定する必要があります。

雨水流出抑制施設

　公共下水道の能力不足への対応や都市型洪水の防止のためには、雨水を一時的に貯留し時間差をつけて放流したり、浸透させる必要があります。自治体によっては、貯留施設（雨水調整槽や遊水池など）や浸透施設などの雨水流出抑制施設の設置を指導されることがあります。浸透施設は、浸透桝と浸透トレンチ・管を組み合わせて雨水を地中に浸透させるものです。地下水位が高い場合は機能しないので確認が必要です。以前はコンクリート製のものが主流でしたが、最近は施工性の良いプラスチック製の浸透施設が増加しています。

　抑制必要容量は、計画敷地の単位面積当たり抑制対策量（例として、500 m^3／haなど）より求めます。屋根面からの雨水を地階の雨水調整槽に貯留する場合は、満水位になったら閉止して屋外に放流するための雨水切替弁と、湧水ピットへのオーバーフローを設けておく必要があります。

　雨水調整槽設置の指導がある場合には、図11.18に示すような雨水を雑用水として積極的に利用するための雨水利用槽の機能を併せ持った設備とすることが、最近は普及しています。留意点としては、指導による必要貯留量は常時確保して（空けて）おく必要があることです。雨水利用の処理は、砂ろ過方式が一般的です。

11-4 排水槽の施工

図 11.18 雨水利用設備と雨水調整槽

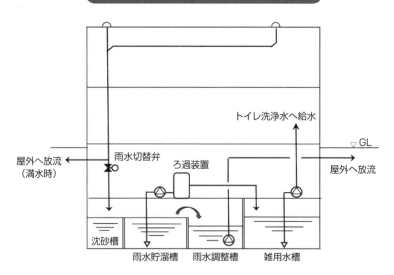

図 11.19 雨水切替え弁の例

11-5 屋外排水管

管工事検定試験（重要度）★★★★☆

屋外排水設備は、屋外排水管と排水桝とで構成されます。ここでは、排水管施工の注意事項、排水桝の構造と種類について理解しましょう。

配管工事の注意事項

建物からの生活排水や雨水は、屋外排水管と排水桝を経由して最終桝から公共下水道へ放流されます。公共下水道が合流方式の場合でも、維持管理上は敷地内では生活排水と雨水は別系統とし、最終桝直近で合流させるほうが理想的です。排水管の標準的な埋設深さ（土被り）は、表11.6に示すとおりです。寒冷地では、凍結深度（例：札幌では880mm）以下に埋設するようにします。

▼表11.6 屋外排水管の埋設深度

用途・場所	埋設深度（mm）
車の通行する道路	750以上
人・自転車などの道路	450以上
空き地（緑地等）	200以上

屋外排水管工事における注意事項には、以下のようなものがあります。

①配管の腐食対策として、樹脂管やコンクリート管を使用します。
②埋立地などの軟弱地盤では、はしご胴木基礎やくい基礎などの不等沈下対策を検討します。必要により、排水管や桝は建物躯体から支持をとります。また、建物への導入部にはフレキ継手やスライド式の配管などの地盤沈下対策を検討します（図11.20）。
③地盤面に起伏がある場合は、配管こう配をよく検討し、必要な埋設深度を確保します。車が通行する部分は、必要によりコンクリートなどで防護します。

11-5 屋外排水管

④配管の施工は地盤を十分に締め固め、管を傷つけないように注意し砂か良質発生土で埋め戻します。
⑤樹木の根などが配管や桝に侵入しないように施工します。
⑥公共下水道および既存最終桝（公設桝と呼びます）の深さおよび口径を確認し、接続が可能な屋外配管ルート・こう配とします。

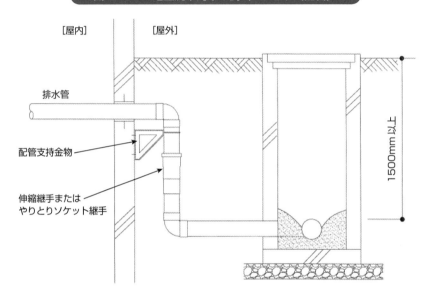

図 11.20 地盤沈下対策の例（スライド式配管）

屋外排水管 11-5

排水桝

　排水桝には、汚水桝（インバート桝）と、雨水桝（ため桝、トラップ桝、浸透桝）が
あります（図11.21）。形状は丸形と角形があり、材質はコンクリート製とプラス
チック製（塩ビ製で桝径150～200mm程度、小口径桝と呼びます）のものとがあ
ります。

　排水桝は以下の所に設けます。

　①排水管の起点

　②排水管の合流箇所

　③流れの方向が変化する箇所

　④排水管の長さが長い箇所（排水管径の120倍以内）

図11.21　トラップ桝

（単位：mm）

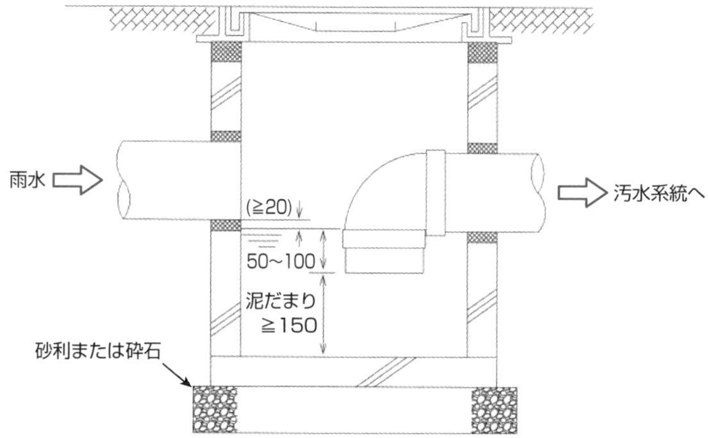

雨水 ⇨

（≧20）

50～100

泥だまり
≧150

砂利または砕石

⇨ 汚水系統へ

11

排水通気設備

267

11-5 屋外排水管

　汚水桝の内部には、固形物が残らないように半円形のインバートを設け、流れやすいように曲がりを円滑に仕上げます（図11.22、図11.23）。

図11.22　汚水桝（インバート桝）の構造

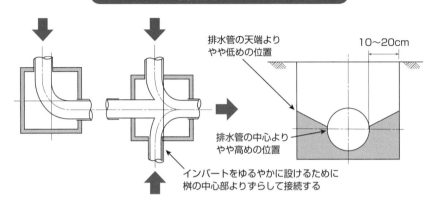

図11.23　排水桝の施工例（小口径汚水桝）

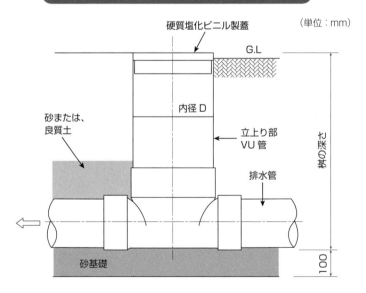

排水桝における注意点としては、以下のようなものがあります。

①桝内で流入管と流出管との落差（ステップ）を20mm程度設けます。
②雨水桝の底部には、150mm以上の泥だまりを設けます。
③汚水桝と合流する雨水桝には臭気防止のためにトラップ桝を設けます。
④桝のふた（マンホール）は、通行車両などの荷重に耐えられるものを選定します。
　また、タイル舗装などの部分では化粧ふたにするかを確認します。
⑤敷地形状が急に低くなる箇所ではドロップ桝などを使用します。
⑥点検や清掃が容易な位置に設置するようにします。

また、排水桝は、維持管理がしやすい様に、排水管の合流本数や排水管径、桝の深さに見合った大きさとします。下水道事業者の基準の確認も必要です（表11.7）。

▼表11.7　排水桝の大きさの例

桝の大きさ	桝の深さ
350φ	900mm以下
450φ	910～1,200mm
600φ	1,210～1,500mm
900φ	1,510mm以上

屋外排水管

屋外排水管は計画地盤レベルをよく確認し、埋設深度を確保します。また、地震による液状化対策の要否も検討する必要があります。

memo

Chapter 12

衛生器具設備

　衛生器具は、トイレ、浴室、厨房など利用者に直接扱われる場所に設置されるため、その選定や確実な施工は利用者の快適性や利便性の向上、また、省資源省エネへの対応などに大きく影響します。本章では、近年の衛生器具の種類や特徴などを理解しましょう。施工方法については、器具やシリーズなどで異なることがありますので、詳細は器具に同梱される説明書などで確認するようにしてください。

12-1 衛生器具

管工事検定試験(重要度)★★★★★

　水まわり空間の利用にあたり、給水・給湯設備より水・湯を供給したり、液体や汚物などを受け、またこれを排出したりするために設けられるものを**衛生器具**と呼びます。また、これらを組み合わせて設置する場合、これを**衛生器具設備**と呼びます。

衛生器具の種類

　衛生器具には、給水器具として給水栓、洗浄弁、ボールタップなど、水受容器として便器・洗面器類、流し類、浴槽など、排水器具として排水金具類、トラップ、床排水口など、付属品として鏡、化粧棚、石けん受け、ペーパーホルダーなどがあります。

衛生器具

衛生器具は、給水器具、水受容器、排水器具、付属品などから構成され、水・湯の供給や液体や汚物などを排出したりする役割があります。

12-2 大便器

管工事検定試験（重要度）★★★★

大便器の種類や特徴、施工方法などを見ていきましょう。

給水方式

　大便器は、表12.1のように給水の方式によりタンク式、洗浄弁（フラッシュバルブ）式、タンクレス便器などの専用洗浄弁式に大別されます。

　洗浄弁式と専用洗浄弁式は水道直結となるため、最低必要圧力より低いと洗浄不良や詰りの原因になります。最低必要圧力は止水時ではなく流動時の水圧をさします。これは水が配管内を流れる際に圧力損失が生じるためです。洗浄弁式において0.04〜0.07MPaの水圧であれば、低水圧用の洗浄弁を選定します。

　また、便器へ吐水した水が逆サイホン作用により給水系統へ逆流するのを防止するため、バキュームブレーカを備えています。洗浄弁においては、本体部の下に設置され、作動原理は図12.1のとおりです。タンク式の場合はタンクの中で吐水口空間が設けられているのが一般的です。

　便器の洗浄水には再生水や井水が利用されることがあります。これらは上水の水質よりも、スケールによる作動不良、腐食による水漏れを起こしやすいので、再生水対応の仕様のものを採用することがお勧めです。

臭気漏れ
ビニル管との排水接続は確実に行い、臭気漏れなどないよう注意しましょう。

12-2 大便器

▼表12.1　給水方式

	タンク式	洗浄方式 （フラッシュバルブ式）	専用洗浄方式 （タンクレス）
外観			
接続口径	15A	25A	15A
最低必要水圧	0.05MPa	0.07MPa	0.05MPa〜0.07MPa
逆流防止	吐水口空間	バキュームブレーカ （洗浄弁にセット）	バキュームブレーカ （本体に内蔵）

提供：TOTO株式会社

図12.1　洗浄弁のバキュームブレーカ

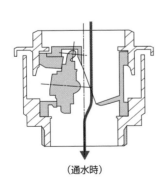
（通水時）

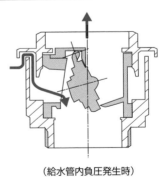
（給水管内負圧発生時）

提供：TOTO株式会社

洗浄方式

大便器の排水に関わる洗浄方式は、表12.2のようにJIS A5027（衛生器具－便器・洗面器類）では洗落し式、サイホン式、洗出し式に分類・規定されています。以前は溜水面の広さが240mm×200mmのサイホンゼット式もありましたが、節水化の傾向もあり、2010年にJISの規定からなくなりました。

なお、和風便器と洋風（腰掛）便器の出荷比率は1970年代後半に逆転し、2000年代前半には5%以下となり洋式化が進んでいます（一般社団法人日本レストルーム工業会ホームページより）。

▼表12.2 洗浄方式

サイホン式	洗落し式	洗出し式
洗浄時に排水トラップ部を満水し、サイホン作用を起こすことによって、汚物を排水路に流し出す。溜水面の広さは180mm×140mm以上のもの。	水の落差による流水作用で汚物を押し流す。	便器内に一時汚物を溜め、洗浄水でトラップ側に排水する。和風便器で採用される。

大便器の節水

大便器の洗浄水量は表12.3のような規格があります。

▼表12.3 大便器の節水の規定

JIS A 5207	一般形	8.5L超
	節水Ⅰ形	8.5L以下
	節水Ⅱ形	6.5L以下
ベターリビング	超節水形	大6.5L以下 小4.5L以下
グリーン購入法	洋風便器	8.5L以下
CASBEE建築（新築）	レベル4　節水型大便器	6L程度
CASBEE街区	レベル3　節水型トイレ	6L以下
	レベル4　超節水型トイレ	5L以下

便器のサイズ

洋式（腰掛）便器では、図12.2のように座面の広さにより大形サイズ・普通サイズがあり、現在は大形サイズが主流です。便器にセットする便座は、この大きさに応じて選定する必要があります。

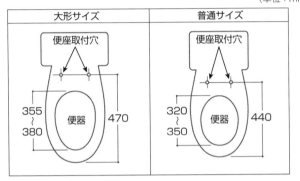

図12.2　座面のサイズ

提供：TOTO株式会社

また、トイレ空間への収まりにおいては、便器自体の寸法が重要です。便器背面壁から便器先端までの前出寸法が小さくなると、トイレブースを小さくしたり、同じ広さでもゆったり使用できたりします。このことから、近年では図12.3のような座面が大形サイズでありながら、便器の前出寸法を抑えたものが増えてきています。

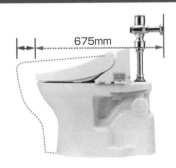

図12.3　前出寸法をコンパクトにした例

提供：TOTO株式会社

ただし、床排水の場合、排水管の立上げ位置が基準で便器が取り付けられるため、便器背面壁から排水立上げ位置（排水心）の寸法は、図面などの指示に従う必要があります。この寸法は、タンク式大便器は200mm、洗浄弁式大便器は255mmのものが多くなっています。

既設の大便器を取替える場合は、図12.4のような排水管を立ち上げなおすことなく、既設の排水管を活かして取替えできるものも品揃えされています（調整範囲は機種により異なります）。

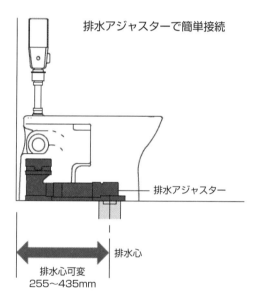

図 12.4　既設取替え用便器の一例

提供：TOTO株式会社

大便器の洋式化が進む中、和風大便器の改修は、設置階とその階下の2フロアに渡る工事が伴い、その分工期も長くかかります。現在では、和風便器をカット、埋め戻しを行うことで、1フロア、短工期で改修が行える工法が用意されています。

12-3 小便器

管工事検定試験（重要度）★★★☆☆

小便器の種類や特徴、施工方法などを理解しましょう。

給水方式

小便器は、図12.5のようにセンサーおよび専用の洗浄弁が小便器に内蔵されている専用洗浄弁式と、センサーおよび洗浄弁が小便器と分離された洗浄弁式があります。専用洗浄弁式は、非接触で自動洗浄でき、小便器上面をすっきりさせることができるほか、別途洗浄弁を取り付ける必要がないため給水接続箇所が少なくなり、省施工にもなります。さらに、洗浄弁と小便器を一対で設計されるため、水の流し方をきめ細かく設定でき、節水化も進んでいます。

図 12.5　小便器の給水方式

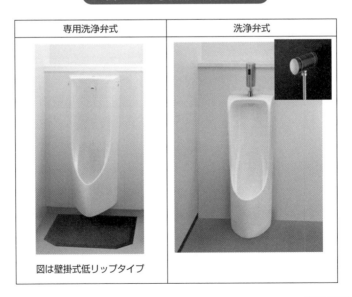

提供：TOTO株式会社

形状

床置式、壁掛式があります。壁掛式は床清掃がしやすい反面、壁に強固に取り付ける必要が生じます。また、壁掛式は小さな子供が使いにくい問題もありましたが、小便器の受口高さを床から35cmと低くした壁掛低リップタイプが登場し、床清掃のしやすい壁掛式でありながら、小さな子供の使いやすさを両立させています。バリアフリー法においても、小便器は床置式または受口高さ35cm以下のものを建物に1以上設けることと規定されています。

施工時の注意

ベルトのバックルなどの金属類が陶器に擦れると筋状の跡が残り除去しにくいので、施工時など金属類が衛生陶器に触れないよう注意しましょう。

COLUMN 衛生器具の清掃、保守、点検

衛生器具の快適で衛生的な利用においては、日常清掃などが不可欠です。

便器部の日常清掃においては、強酸性、強アルカリ性、フッ素系洗剤、研磨剤入り洗剤、また、金属ブラシなどは表面を傷つけるので使用は避けます。

水栓や洗浄弁のめっき、樹脂、ゴム部には、酸性、アルカリ性、塩素系洗剤や、研磨剤入り洗剤、ナイロンたわしの使用も避けます。

衛生陶器は、消毒目的などで熱湯を注ぐと破損します。特に大便器のような湯を使用するように設計されていないものにはご法度です。

保守・点検については、作動確認のほか、がたつき有無、水漏れ有無（特に隠蔽箇所などは日常気づきにくい）などを確認します。国土交通省建築保全業務共通仕様書では、標準的な点検内容と周期について記載されています。

12-4 洗面器、手洗器

管工事検定試験（重要度）★★★★★

洗面器・手洗器の種類や特徴、施工方法などを理解しましょう。

 種類

　洗面器・手洗器はその名称のとおり、洗面、手洗い用途に利用されます。JIS A 5207では、幅45cmを境に寸法上区分されています。ため洗いできる洗面器には、排水栓と、図12.6のようなオーバーフロー排水路が備えられており、洗面器からあふれようとする水は、オーバーフロー口から排水路を通じて排水栓の下流、トラップの上流で排水経路に合流します。近年、パブリック用途においてはため洗いする方も少なくなり、これらを備えない洗面器も登場しています。

図12.6　洗面器のオーバーフロー排水路

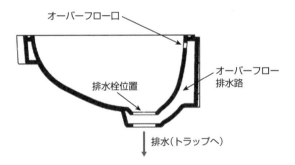

水栓に応じた取付け穴
カウンター式洗面器でカウンターに水栓を取り付ける場合は、水栓に応じた取付け穴を設けましょう。

洗面器、手洗器 12-4

洗面器の設置方法には、壁掛式とカウンター式があります。カウンター式には図12.7のようなベッセル式・セルフリミング式・アンダーカウンター式・フレーム式があり、外観や水じまいなどに違いがあります。

図12.7　カウンター式洗面器の種類例

	ベッセル式	セルフリミング式
代表例		
概要	カウンターに据え置くように固定する。	洗面器周囲のつば部でカウンターに引っ掛けて固定する。

	アンダーカウンター式	フレーム式
代表例		
概要	カウンターの下から固定する。	フレームと吊り金具で固定する。

画像提供：TOTO株式会社

洗面器・手洗器の素材

素材は、陶器製に加え、樹脂製のものがあります。陶器製は傷が付きにくく、耐薬品性が高い特徴が、樹脂製はカウンターとのセットにおいては継ぎ目なく仕上がり清掃性が高く、落下物などからの衝撃にも強い特徴があります。

12-5 給水栓

管工事検定試験（重要度）★★★☆☆

給水栓は、給水・給湯設備の末端に取り付けられる給水装置です。厚生労働省の給水装置の構造および材質の基準に関する省令に適合する必要があります。JIS B 2061（給水栓）においても同様の基準があり認証を受けているもののほか、認証機関により基準適合の認証を受けたもの、製造者にて基準適合としているものがあります。給水栓の種類や特徴、施工方法などを理解しましょう。

種類

給水栓には、単水栓、湯水混合水栓（2ハンドル式、シングルレバー式、ミキシング式、サーモスタット式）、止水栓、ボールタップ、洗浄弁（大便器用・小便器用）があり、JIS B 2061で寸法、形状などの規定があります。これに、図12.8のように使用場所に応じた付加機能など追加することで一層使いやすくなります。

シングルレバー

洗面、台所用には操作が簡単なシングルレバー式が主に採用されます。シングルレバー式での吐水の操作方向は、以前は上げる・下げる両方存在しましたが、2000年より上げて吐水するものに統一されました。

サーモスタット

浴室用には水栓本体で温度調整ができ、自動温度調節機構が内蔵されたサーモスタット式が主に採用されます。パブリックトイレで使用される自動水栓にも単水栓タイプのほかにサーモスタットタイプがあります。

給水栓 12-5

図12.8 付加機能の一例

2ハンドル	シングルレバー

2つのハンドルで温度・量の調整をしたまま、シャワー・スパウトの切替え、一時止水をできるようにした浴室用2ハンドル。	ホースを引き出してシンクも洗えるようにしたハンドシャワータイプの台所用シングルレバー。
サーモスタット	単水栓
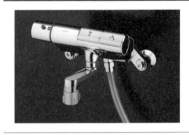	
タッチスイッチにより、出し止めを簡単にした浴室用サーモスタット。	グースネックとして水汲みをしやすくした洗面手洗用単水栓。

画像提供：TOTO株式会社

節湯水栓

　住宅におけるエネルギー消費の約30％を給湯が占め、節湯することで省エネルギーに寄与します。平成25年住宅省エネルギー基準では、お湯の使用量を削減できる**節湯水栓**が定義されました。カタログなどでは便宜的に「A1」「B1」「C1」の記号で表示され、選びやすくなっています（表12.4）。現在は、建築物省エネ法で設計一次エネルギー消費量を削減するアイテムの一つとなっています。非住宅においては、自動給湯栓と浴室B1がその対象となっています。

12-5 給水栓

▼表12.4 節湯水栓の概要

節湯種類	手元止水機構 節湯A1	小流量吐水機構 節湯B1	水優先吐水機構 節湯C1
代表例			
解説	ボタンやセンサーなどで手早く湯水の出し止めができる。	省エネ基準（8.5L/min での吐水力の基準）に適合したもの。およそ10L/minの従来シャワーに比べ節湯できる。	よく使われるレバー中央部（正面の位置）でも水が出るようになっており、お湯の無駄遣いを押さえられる。

従来水栓に対する削減率	台所水栓	9％削減		30％削減
	浴室シャワー水栓	20％削減	15％削減	
	洗面水栓			30％削減
	節湯種類組合せ	32％削減		36％削減

出典：（一社）日本バルブ工業会ホームページを元に作成。（画像提供：TOTO株式会社）

284

Chapter **13**

消火システムの種類と特徴

人と建物を守る「建物の消防の用に供する設備」には、消火設備、警報設備、避難設備がありますが、本章では、消火設備の種類と、それぞれの役割を理解しましょう。このほかにも消防隊が利用する消火活動上必要な施設（連結送水管、連結散水設備など）があります。なお、消火設備の施工にあたっては消防設備士という資格が必要になります。

13-1 消火設備の種類と目的

管工事検定試験（重要度）★★★★★

消火設備と消防隊が利用する消火活動において必要な施設は、図13.1のような種類に分かれています。その中から代表的な設備をご紹介いたします。

図13.1　消火活動において必要な施設

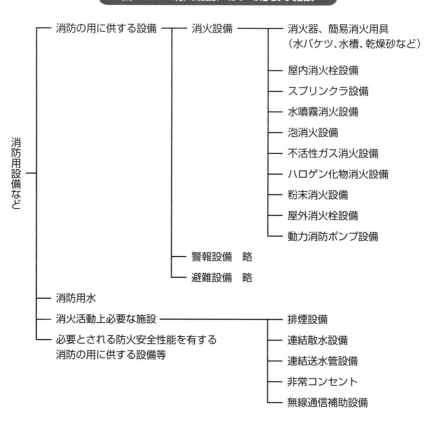

消火設備の種類と目的 13-1

消火器

　建物利用者が自身で行う初期消火の設備です。火災には、次のような種類があります。

- A火災（普通火災：木材紙などの一般可燃物による火災）
- B火災（油火災：可燃性液体・油脂類が燃える火災）
- C火災（電気火災：感電のおそれがある電気施設での火災）

　どの火災に有効な消火器かA、B、C型表記と、消火剤の容量などで、消火能力単位が決まっています。

　その他泡消火器、CO_2消火器などもあります。

屋内消火栓設備

　建物利用者が自身で行う初期消火の設備です。廊下などの壁面にボックスがあり、内部に消火栓弁、ホース、ノズルを内蔵しています。ホースを引き出し、ノズルより加圧水を放水して、冷却作用により消火します。

　1号消火栓、1人で操作できるように改良された易操作性1号消火栓、1号消火栓からの改修を考慮して平成25年に追加された広範囲型2号消火栓、2号消火栓という規格があります（表13.1）。

▼表13.1　屋内消火栓設備の性能

	放水量	警戒範囲	ホース接続口から有効に放水できる長さ
1号消火栓	130L	25m	30m以下＋放水距離7m
易操作性1号消火栓	130L	25m	30m以下＋放水距離7m
広範囲型2号消火栓	80L	25m	30m以下＋放水距離7m
2号消火栓	60L	15m	20m以下＋放水距離10m

13

消火システムの種類と特徴

13-1 消火設備の種類と目的

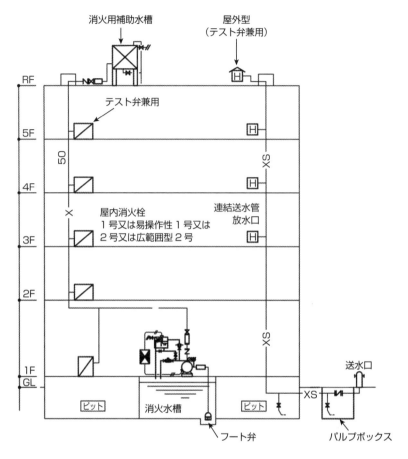

図 13.2 屋内消火栓 連結送水管参考系統図

提供：日本ドライケミカル株式会社

屋外消火栓設備

建物の1、2階部分の火災に対し、外部から消火を行うもので、初期そして、外部への延焼防止の役割があります。放水量350Lと大きく、訓練をしなければ建物利用者が使用することは難しい設備です。屋外消火栓弁は外部を半径40mで包含するように設置されます。

連結送水管設備

消防隊が消火活動に使用する設備で、屋外に設けた送水口から、ポンプ車で送水し、建物内に設ける放水口にホースを接続し、放水して消火を行います。高層建築物や無窓建築物の、ホースを連結し伸ばすことが困難な建物の消火活動を助け、3階以上の階ごとに半径50mで包含するよう階段室や、階段室から5m以内に設けます。

送水口と放水口を結ぶ配管は、圧力用炭素鋼管（sch40）などが用いられます。軽量により施工性のメリットがあり、ステンレス鋼管が用いられるようになってきています。

スプリンクラ設備

天井面等に設けたスプリンクラヘッドから水を噴出する、自動の消火設備です。ヘッドには閉鎖型、開放型、放水型があり、作動方式には湿式、乾式、予作動式があります。消火管には、白ガス管（SGP）が使われてきましたが、巻き出し管としてステンレス鋼管、ヘッダ工法としての樹脂管も用いられるようになりました（図13.3、図13.4）。

図13.3 ヘッダ工法施工例

図13.4 架橋ポリエチレン管施工例

●閉鎖型スプリンクラ設備

　最も一般的なスプリンクラ設備で、湿式は消火ポンプからヘッドまで配管内は常に充水されています。火災によりヘッドが熱せられ、一定の温度で感知部が溶け、水が流れると、流水検知装置でその流れを検知し、ポンプを作動させる仕組みです（図13.5）。

図 13.5　閉鎖型スプリンクラ参考系統図

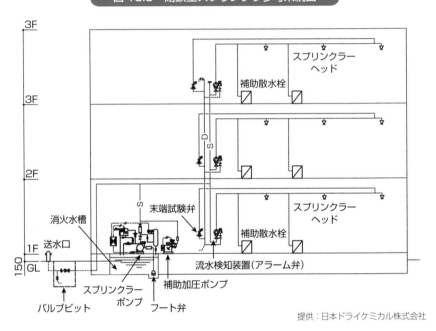

提供：日本ドライケミカル株式会社

配管材の選定
消火設備の種類に応じ、適切な配管材を選定できるようになりましょう。

消火設備の種類と目的 13-1

●予作動式スプリンクラ設備

コンピュータ室のような誤作動による損害が多い施設に設置されます。ポンプから予作動弁までは充水、予作動弁から閉鎖型ヘッドまでは圧縮空気が充てんされており、熱感知器による火災の感知と、ヘッドの感知部の開放の2つによって火災の有無を判断することで、水損事故を防ぐ仕組みになっています。

●開放型スプリンクラ設備

舞台部などは可燃物も多く火災の燃え広がる危険があることから、天井面に開放型スプリンクラヘッドを設置し、放水区域ごとに一斉開放弁を設置します。一斉開放弁を開放することで、その区画すべてのヘッドから放水して消火を行います。

●乾式スプリンクラ設備

水が凍結のおそれのある寒冷地で用いられる方式で、湿式とはことなり、流水検知装置からスプリンクラヘッドまでは、圧縮空気または窒素ガスが充てんされています。ヘッドの開放により、配管内の空気圧が下がると、自動的に散水が始まり消火を行います。

●特定施設水道直結型スプリンクラ設備

老人短期入所施設、重症心身障害児施設などの施設では、規模が小さい建物でも、スプリンクラ設備が必要となっています。水道直結型スプリンクラ設備は、給水配管と主設備を共用することで、低コストに設置できる設備となっています。

水噴霧消火設備

スプリンクラ設備と同じく自動消火設備のひとつで、特殊な水噴霧ヘッドを使って微細な水滴を噴霧します。噴霧された水滴が蒸発し気化熱を奪う冷却作用と、水蒸気の幕で火を覆う窒息作用により消火します。油火災にも有効で、エマルジョン効果により窒息消火を行います。

13-1 消火設備の種類と目的

泡消火設備

水と泡消火剤を一定の割合で混合し、フォームヘッドから空気を混合して泡を放射して、火災を覆い、窒息消火を行う設備です。駐車場や格納庫、危険物を扱う施設などの消火に使われます。

ガス系消火設備

不活性ガス消火設備、ハロゲン化物消火設備、粉末消火設備などがあり、水を使う設備では消火が困難な、ボイラ室、電気室、通信機室、駐車場、美術館、収蔵庫などの消火設備として設置されます。ガスの放出による内部圧力上昇を防止する避圧開口や、放出後の燃焼ガスの排気方法などの規定があります。

●不活性ガス消火設備

二酸化炭素、窒素、IG55（窒素とアルゴンの等量混合物）IG541（窒素とアルゴンと二酸化炭素の要領費52：40：8の混合物）があります。

●ハロゲン化物消火設備

ハロン2402、ハロン1211、ハロン1301などがありますが、大気に開放されるとオゾン層を破壊する問題があり、現在は製造中止となっています。ハロンバンクにより、既存ハロゲン化物の回収再利用が行われ、特殊用途の消火に用いられています。

また、代替として、HFC-23（トリフルオロメタン）、HFC-227ea（ヘプタフルオロプロパン）、FK-5-1-12（ドデカフルオロ2メチルペンタン3オン）などが開発され、消火剤として用いられています。

●粉末消火設備

重炭酸ソーダを主成分とする微細な粉末を、窒素ガスを使って放出する消火設備で、冷却作用、窒息作用により消火します。消火剤には、主成分がそれぞれ炭酸水素ナトリウム、炭酸水素カリウム、リン酸塩類、炭酸水素カリウムと尿素の反応物、の4種類があります。

13-2 消火ポンプ周りの配管

管工事検定試験（重要度）★★★☆☆

屋内消火栓設備に用いられる加圧送水装置としては、高置水槽方式、圧力水槽方式、ポンプ方式などがあります。ここではそのポンプの構成を理解しましょう。

消火ポンプの構成要素

ポンプ、電動機、制御盤、呼水装置、水温上昇防止用逃し配管、ポンプ性能試験装置、起動用水圧開閉装置、フート弁などで構成されています（図13.6）。

図13.6　屋内消火栓ポンプユニットとフート弁

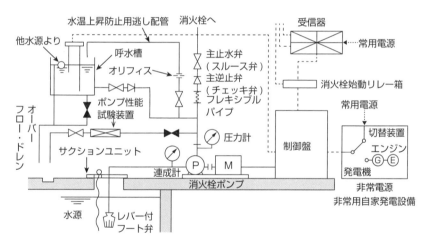

■フート弁

提供：株式会社荏原製作所

13-2 消火ポンプ周りの配管

●呼水装置（呼水槽）

水源の水位がポンプより低い位置にある場合に、ポンプおよび配管に充水を行う装置です。

●水温上昇防止用逃し配管

ポンプ内の締切り運転時において、ポンプの水温の上昇を防止するための逃し配管です。ポンプ吐出し側の逆止弁の一次側で、呼水管の逆止弁のポンプ側となる部分に接続され、ポンプ運転中に常時呼水槽などに放水する構造で、15A以上とすることとされています。

●ポンプ性能試験装置

ポンプの全揚程および吐出し量を確認するための試験装置です。ポンプの吐出し側の逆止弁の一次側に接続され、ポンプの負荷を調整するための、流量調整弁、流量計などを設けたものとなっています。配管の口径はポンプの定格吐出し量を十分流すことができるサイズとなります。

●起動用水圧開閉装置

配管内における圧力の低下を検知し、ポンプを自動的に起動させる装置です。

●フート弁

水源の水位がポンプより低い位置にある場合に、吸水管の先端に設けられる逆止弁です。水槽内のゴミを吸い込まないようストレーナなどを具備し、鎖またはワイヤなどで手動により開放できる構造とされています。

●ポンプの性能

ポンプの吐出し量と全揚程は次のように定められています（図13.7）。

①定格吐出し量における揚程曲線上の全揚程は、ポンプ定格全揚程の100％以上110％以下であること。
②定格吐出し量の150％の吐出し量における揚程曲線上の全揚程は、定格吐出し量における揚程曲線上の全揚程の65％以上であること。
③締切り全揚程（吐出し量0）は、定格吐出し量における揚程曲線上の全揚程の140％以下であること。

図13.7 ポンプ性能曲線

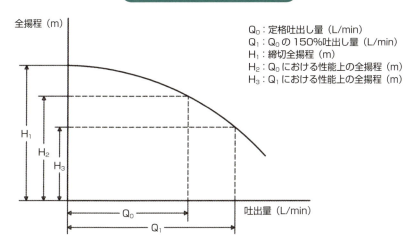

必要な付属品や空間
消火ポンプや水槽周り、末端器具には、どんな付属品や空間が必要なのか、理解しましょう。

13-3 消火水槽と配管

管工事検定試験（重要度）★★★☆☆

消火水槽は、地上・床上設置、地下・床下設置などがあります。床面積の有効利用の観点から床下ピットを水槽として利用することが一般的です。

水槽容量

消火設備の種類により、次のように定められています。

- **屋内消火栓の場合（最大2個同時）**
  - 1号消火栓 ： $2.6m^3$/個
  - 広範囲型2号消火栓 ： $1.6m^3$/個
  - 2号消火栓 ： $1.2m^3$/個
- **スプリンクラ消火設備の場合**
  - 閉鎖型標準ヘッド ： $1.6m^3$/個
  - 閉鎖型小区画ヘッド ： $1.0m^3$/個

その他、開放型スプリンクラ設備など、流量が異なります。また同時放水ヘッド個数は、用途、階数、感度種別などにより、それぞれ異なります。

水槽の材質

水槽の材質は、次のように求められています。

①耐火構造の水槽は、防火モルタルなどによる止水措置が講じられていること。
②鋼板製の水槽は、有効な防食処理を施したものであること。
③FRP製の水槽は不燃区画の専用室に設ける、外壁や隣接建物まで水平距離5m以上場所に設ける、周囲に可燃物がないこと。

水槽周りの配管は、有効水量が確保できるよう、図13.8、図13.9のように設けることとされています。

図 13.8 サクションピットを設ける場合の図

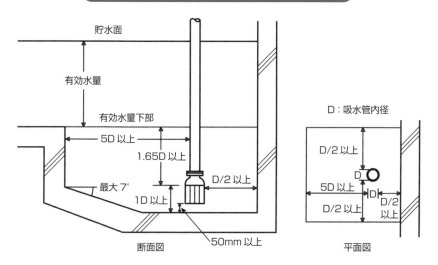

図 13.9 サクションピットを設けない場合の図

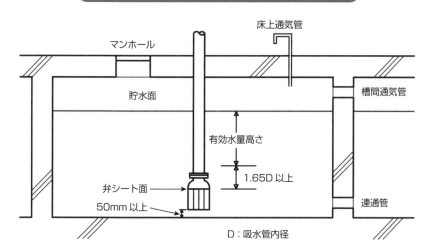

13-4 消火栓ボックス、送水口

管工事検定試験（重要度）★★★★★

配管の末端などに設置され、実際の消火に使われる、消火器具を理解しましょう。

屋内消火栓箱

消火栓箱は鋼板製1.6mm以上のものと定められています（図13.10）。1号消火栓、広範囲型2号消火栓で半径25m、2号消火栓で半径15mの円で建物を有効に包含できるよう設けます。開閉弁は、1号消火栓で床面から1500mm以下に設けると定められていますが、2号消火栓には天井設置型もあります。これは1号消火栓が開閉弁を手動で開ける必要があるのに対し、2号消火栓はノズルの先端に開閉装置があり、ノズルを降下させるための装置を設けることで対応できるためです。

補助散水栓と呼ばれる2号消火栓と同能力の設備もあります（図13.11）。こちらは、スプリンクラ設備を設置するとき、火災発生の危険が少なくヘッドの設置免除されている階段や、浴室、便所、機械換気設備の機械室などを防護するために設けられるもので、2号消火栓と同じく半径15m包含で設けます。

図13.10 透明な扉仕様の消火栓例

図13.11 消火器BOX付補助散水栓の設置例

送水口

　送水口は、地盤面から0.5m以上1m以下で、送水に支障のない位置に設けるとされています（図13.12、図13.13）。配管は100A以上とし、排水弁、逆止弁、止水弁を設置します。

図 13.12　スタンド型送水口設置例

図 13.13　壁面型送水口設置例

提供：日本ドライケミカル株式会社

流水検知装置

　流水検知装置（図13.14）は、スプリンクラヘッド開放による流水を検知して、自動的に信号および警報を発する装置です。各階、放水区域ごとに設けるとし、1つの流水検知装置が受け持つ区域は原則3,000m^{2}以下とされています。検知装置は床面から0.8m以上、1.5m以下に取り付け、設置したシャフトなどには、制御弁室である旨の表示を設けることとされています。

図 13.14　流水検知装置

提供：日本ドライケミカル株式会社

13-4 消火栓ボックス、送水口

スプリンクラヘッド

露出型、埋込型、側壁型など、様々な種類のヘッドがあります（図13.15）。専用工具で固定することとされています。

図13.15　スプリンクラヘッド

提供：日本ドライケミカル株式会社

【参考文献】

『機械設備工事監理指針 平成28年版』公共建築協会、(一社) 公共建築協会

『1級・2級施工管理技士 管工事施工管理技術テキスト 改訂第8版 技術編』地域開発研究所編、(一財) 地域開発研究所

『SHASE-S 010-2013 空気調和・衛生設備工事標準仕様書』(公社) 空気調和・衛生工学会

『冷凍空調技術 空調編』日本冷凍空調学会、(公社) 日本冷凍空調学会

『空気調和・衛生設備の基礎 第3版』空気調和・衛生工学会、(公社) 空気調和・衛生工学会

『空気調和・衛生工学便覧 第14版 機器・材料編』(公社) 空気調和・衛生工学会

『空気調和・衛生工学便覧 第14版 給排水衛生設備編』(公社) 空気調和・衛生工学会

『空気調和・衛生工学便覧 第14版 計画・施工・維持管理編』(公社) 空気調和・衛生工学会

『建築設備の耐震設計 施工法』空気調和・衛生工学会、(公社) 空気調和・衛生工学会

『建築設備設計マニュアル』建築設備技術者協会、(一社) 建築設備技術者協会

『建築設備耐震設計・施工指針 2014年版』建築設備耐震設計施工指針2014年版編集委員会、(一財) 日本建築センター

『公共建築設備工事標準図 (機械設備工事編) 平成28年版』国土交通省大臣官房官庁営繕部、(一社) 公共建築協会

『機械設備工事施工管理基準』名古屋市上下水道局

『建築設備技術者のための 今さら聞けない基本の理論』(一社) 建築設備技術者協会、オーム社

『100万人の給排水』小川正晃、オーム社

『続・100万人の空気調和』小原 淳平、オーム社

『建築計画・設計に潜む"マサカ・マタカ"の設備トラブル』山本廣資、日刊工業新聞社

『図説 やさしい建築環境』今村仁美・田中美都、学芸出版社

『環境共生世代の建築設備の自動制御入門 第2版』田崎 茂・染谷 博行、日本工業出版

『計装マニュアル (建築物編) 第3版』日本計装工業会研修委員会編、日本計装工業会

『図解入門 よくわかる最新配管設備の基本と仕組み』土井巌、秀和システム

索引 Index

あ行

- 圧縮力……………………………………… 133
- 圧送排水システム…………………………… 259
- 圧力配管用炭素鋼鋼管………………………39
- アナログ信号………………………………… 186
- アネモスタット形……………………………81
- 油配管………………………………………… 177
- 雨水…………………………………………… 244
- 雨水流出抑制施設…………………………… 263
- 洗落とし式…………………………………… 275
- 洗出し式……………………………………… 275
- アルミニウムペイント……………………… 103
- 泡消火設備…………………………………… 292
- アンカーボルト………………………………22
- アングルフランジ工法………………………65
- アンダーカウンター式……………………… 281
- 一次ポンプ…………………………………… 202
- 一対搬入……………………………………… 131
- 一般床貫通……………………………………34
- 一般用さび止めペイント…………………… 101
- イバート桝…………………………………… 267
- 陰極防食法……………………………………60
- 飲料用水槽…………………………………… 210
- ウェザーカバー………………………………83
- ウォータハンマ……………………………… 217
- 雨水槽…………………………………… 258,263
- 雨水桝………………………………………… 267
- 埋込みアンカー………………………………22
- エア抜き弁…………………………………… 162
- エアハンドリングユニット………………… 140
- 衛生器具……………………………………… 272
- 液相部………………………………………… 246

- エッチングプライマー……………………… 101
- エッチングプライマー1種………………… 101
- エッチングプライマー2種………………… 101
- 塩化ビニル管…………………………………25
- 円形ダクト………………………………… 62,74
- 鉛酸カルシウムさび止めペイント………… 102
- 遠心ポンプ…………………………………… 211
- 塩ビ管………………………………………… 226
- オーバーフロー排水路……………………… 280
- オーバルダクト………………………………62
- 屋外機………………………………………… 128
- 屋外消火栓設備……………………………… 288
- 屋外排水管…………………………………… 265
- 屋外排水設備………………………………… 265
- 屋内消火栓設備……………………………… 287
- 屋内消火栓箱………………………………… 298
- 汚水…………………………………………… 244
- 汚水槽…………………………………… 258,260
- 汚水桝………………………………………… 267
- おねじメカニカルアンカー…………………22
- オフセット…………………………… 163,184,247
- 温水発生器…………………………………… 239

か行

- 外気負荷……………………………………… 197
- 外気冷房……………………………………… 196
- 潰食……………………………………………59
- 外壁貫通………………………………………29
- 開放回路方式………………………………… 155
- 開放型スプリンクラ設備…………………… 291
- 開放型貯湯槽………………………………… 231
- 開ループ制御………………………………… 182

架橋ポリエチレン管	43,226	共鳴型サイレンサー	120
拡管式接合法	47	距離減衰	128
隔壁トラップ	251	金属拡張アンカー	22
ガス管	39	金属配管材料	38
ガス系消火設備	292	金属ばね	112,114
ガス瞬間湯沸かし器	233	銀ペン	103
ガスマルチ式給湯器	236	空気調和	187
カップリング式接合法	47	空気調和機	187
加熱装置	231	空気伝播音	109
壁掛式	279	空調機	140,187
壁貫通	29	区画貫通部	32
可変風量装置	193	矩形ダクト	62
紙製仮枠	25	グラスウールダクト	64
還気温度制御方式	187	グラスウール保温材	94
還気湿度制御方式	190	グローブ弁	52
換気扇	145	黒ガス管	39
乾式スプリンクラ設備	291	形鋼補強	70
貫通	25	ゲート弁	52
管トラップ	251	減段補正機能	200
基礎	14	コイルばね	112
気相部	246	高圧ダクト	62
基礎工事	14	鋼管	25
基礎標準高さ	21	硬質塩化ビニル管	38
起動用水圧開閉装置	294	硬質ポリ塩化ビニル管	42,226
逆こう配	168	格子板	81
逆止弁	53	合成樹脂管	226
吸音	108	合成樹脂調合ペイント	102
給気温度制御方式	188	合成樹脂調合ペイント1種	102
給気露点温度制御方式	191	合成樹脂調合ペイント2種上塗り用	
吸水圧力	217		102
給水栓	282	合成樹脂調合ペイント2種中塗り用	
給水装置	221		102
給水ポンプ	211	合成樹脂ライニング鋼管	222
給湯ボイラ	238	高置水槽	208
共板フランジ工法	72	高置水槽方式	213

こう配	162,248	下塗り用塗料	101
鋼板製	25	室内温度制御方式	187,190
合流式	244	指定フロン	171
硬ろう	228	遮音	108
コーナーボルト工法	72	遮音ダクト	120
呼水槽	294	斜流ファン	145
呼水装置	294	終局速度	246
固体伝播音	109	集中換気方式	151
個別分散換気方式	151	重力還水方式	166
コンクリート管	38,44	重力流下方式	175
コンクリート基礎	15	樹脂アンカー	22
コンクリート基礎高さ	21	樹脂被覆鋼管	38

さ行

		受水槽	208
		瞬間式給湯ボイラ	238
サーモスタット式	282	順こう配	168
サイホン式	275	消音	108
サイホン式トラップ	251	消音エルボ	120
先上がりこう配	168	消音器	119
先下がりこう配	168	消音チャンバ	120
先止め式	233	消音ボックス	120
差込接合法	49	消火器	287
差し込み接続	74	消火水槽	296
雑排水	244	消火設備	286
雑排水層	258	消火栓箱	298
さや管ヘッダ工法	43	消火ポンプ	293
三方弁	158	蒸気トラップ装置	169
シーケンス制御	182	蒸気配管	165
シェルアンドチューブ式	232	小便器	278
識別色	103	白ガス管	39
識別表示	103	シロッコファン	145
仕切弁	52	真空式温水発生器	239
軸流ファン	145	真空ポンプ方式	166
支持	57	シングルレバー式	282
止水リング	25	伸縮管継手	54
自然流下方式	175	伸頂通気方式	248

振動……………………………… 110
浸透桝……………………………… 267
水温上昇防止用逃し配管…………… 294
水撃作用…………………………… 217
水質管理…………………………… 164
水道管用亜鉛めっき鋼管…………… 221
水道直結増圧給水方式……………… 215
水道用亜鉛めっき鋼管……………… 221
水道用硬質塩化ビニルライニング鋼管
……………………………… 222
水道用ポリエチレン粉体ライニング鋼管
……………………………… 222
スイング式………………………… 53
ステンレス鋼管………………… 38,41
ステンレス鋼鋼管………………… 224
ストレーナ………………………… 56
スパイラルダクト………………… 74
スプリッタ型サイレンサー……… 119
スプリンクラ設備………………… 289
スプリンクラヘッド……………… 300
スライドオンフランジ工法……… 73
スリーブ…………………………… 23
スリーブ形………………………… 54
スロット・照明器具スロット形 …… 81
制気口……………………………… 81
制御弁……………………………… 157
制御弁装置………………………… 159
静止形熱交換器…………………… 151
施工アンカー……………………… 22
設計外気量………………………… 197
設計用鉛直地震力………………… 132
設計用地震力……………………… 132
設計用水平地震力………………… 132
設計用水平震度…………………… 132
接合………………………………… 45

接着系アンカー…………………… 22
節湯水栓…………………………… 283
セル型サイレンサー……………… 119
セルフリミング式………………… 281
線状吹出し口……………………… 81
洗浄弁式………………… 273,278
せん断力…………………………… 133
潜熱回収型ガス瞬間湯沸かし器…… 235
全熱交換器………………………… 150
洗面器……………………………… 280
専用洗浄弁式…………… 273,278
増圧ポンプ………………………… 215
騒音………………………………… 109
掃除口……………………………… 253
送水口……………………………… 299
増段補正機能……………………… 200
送風機……………………………… 127
ゾーニング……………… 217,218
素地ごしらえ用塗料……………… 101
ソルベントクラック……………… 49

た行

耐火二層管………………………… 43
耐火VP管………………………… 43
耐震支持…………………………… 133
耐震ストッパー…………………… 19
代替フロン………………………… 171
耐熱塗料…………………………… 103
大便器……………………………… 273
ダクト…………………… 62,118
ダクト内貼り……………………… 119
ダクト接続型換気扇……………… 145
ダクトの支持……………………… 84
多孔板……………………………… 81
玉形弁……………………………… 52

ため桝	267	電機融着接合法	50
多翼ファン	145	点検口	83
たわみ継手	87	天井埋め込み形全熱交換機	151
単管式排水システム用継手	51	天井扇	145
単水栓	282	電食	60
炭素鋼管	38	転造おねじ	45
ダンパ	78	転造ねじ接合法	47
地中壁・地中梁貫通	31	点吹出し口	81
チャッキ弁	53	銅管	38,41,228
チャンバーボックス	89	特種継手	51
中央式給湯方式	230	特種継手排水システム	248
鋳鉄管	38,42	特種排水	244
直送ポンプ	214	特定施設水道直結型スプリンクラ設備	
貯水槽	208		291
貯湯式給湯ボイラ	238	特定フロン	171
貯塔式電気温水器	237	塗装	100
貯湯槽	231	トラップ桝	267
貯留槽	258	鳥居配管	163
沈砂槽	263	ドルゴ通気弁	255
通気管	255	ドレネジ継手	250
通気立て管	255	ドレンアップ方式	175
継手	221	ドレン水	173
つば付鋼管	25	ドレントラップ	176
手洗器	280	ドレン配管	173,175
低圧ダクト	62		
低位通気管	255	**な行**	
定常偏差	184	内壁貫通	30
定風量	193	中塗りおよび上塗り用塗料	102
テーパねじ	45	鉛管	38
デジタル信号	186	鉛・クロムフリーさび止めペイント	102
鉄筋コンクリート造	25	軟ろう	228
鉄骨造	27	二位置動作	183
鉄骨鉄筋コンクリート造	28	二次ポンプ	201
電気温水器	237	二方弁	157
電気防食	60	ねじゲージ	45

ねじ接合	45	搬入据付工事計画	130
熱交換器	232	ヒートポンプ式給湯機	240
ノズル	81	引抜き力	133
		非金属配管材料	38

は行

配管	120,221	非サイホン式トラップ	251
配管こう配	58	ピッツバーグはぜ	66
配管材	249	ヒューム管	44
配管材料	38	ビル管理システム	206
配管支持基礎	18	ビルピット	262
配管用炭素鋼鋼管	39,222	比例動作	184
排水	244	ファン	144
排水再利用設備	245	フィードフォワード制御	182
排水集合管	248	フード	83
排水槽	258	フート弁	294
排水騒音	125	風量測定口	83
排水トラップ	251	風量調整ダンパ	78
排水ポンプ	258	不活性ガス消火設備	292
排水桝	265,267	複合熱源加熱装置	241
排水用通気弁	255	腐食	59
排水横引き管	248	フラッシング	162
ハイブリッド給湯システム	241	フランジ接合	46
ハウジング形管継継手	47	フランジ接続	74
バキュームブレーカ	273	プレート式	232
羽子板接続	89	フレーム式	281
箱抜きアンカー	22	フレキシブルジョイント	56
バス換気乾燥機	145	フレキシブルダクト	74
バタフライ弁	52	フレキシブルダクト接続	89
ハト小屋	36,257	プレス式接合法	47
羽根車	211	プロペラファン	145
はり型基礎	15	フロン	171
はり貫通	25	分割搬入	131
ハロゲン化物消火設備	292	粉末消火設備	292
パン形	81	分流式	244
パンカルーパ	81	閉鎖型スプリンクラ設備	290
		閉ループ制御	183

べた基礎	15	ポンプ性能試験装置	294
ベッセル式	281	ポンプ直送吸水方式	214
ベローズ形	54		
変性エポキシ樹脂プライマー	102	**ま行**	
ベントキャップ	83	マクロセル腐食	59
変風量方式	193	丸ダクト	74
ボイラ	136	ミキシング式	282
防煙ダンパ	78	水系さび止めペイント	101
防音	108	水処理	169
防火ダンパ	78	水配管	160
防食	59	水噴霧消火設備	291
防振基礎	19	密閉回路方式	154
防振ゴム	86,112,114	密閉型貯湯槽	231
防振材	112	無圧式温水発生器	239
防振支持	115	無機材料管	38
防振継手	55,115	迷走電流	60
防振吊り	122	メカニカルアンカー	22
防振パッド	114	メカニカル接合	47
防振振れ止め	123	メカニカル接合法	50
防水床貫通	35	めねじアンカー	22
ボール弁	52	面状吹出し口	81
保温	92	木製箱	25
保温工事	92	元止め式	233
保温材	94		
保温体	95	**や行**	
保温筒	95	夜間放流槽	258
保温板	95	有圧扇	146
補助散水栓	298	湧水槽	258
ボタンパンチはぜ	67	床上掃除口	253
ボックス接続	89	床置式	279
ポリエチレン管	226	床貫通	34
ポリエチレン二層管	226	湯水混合水栓	282
ポリオレフィン管	38	溶剤亀裂	49
ポリブテン管	44,226	揚水ポンプ	213
ポンプ	126,139,211	溶接接合	46

予作動式スプリンクラ設備··············· 291

ら行

ライニング鋼管··························· 40
ライン型································· 81
ラインファン···························· 145
リセス································· 250
リフト式································ 53
リブ補強······························ 70
流水検知装置···························· 299
流量制御······························ 156
ループ通気方式·························· 248
冷却水ポンプ···························· 203
冷却塔································· 137
冷凍機································· 134
冷媒配管······························ 170
連結送水管設備·························· 289
ろう付け接合法·························· 49
ロックウール保温材························ 94

アルファベット

A火災································· 287
Aシール······························ 70
A種ビーズ法ポリスチレンフォーム保温材
····································· 94
AHU································· 140
B火災································· 287
Bシール······························ 70
BAS································· 206
BEMS································ 206
BMS································· 206
C火災································· 287
Cシール······························ 70
CAV································· 193
CFC································· 171

CO_2制御····························· 197
COA································· 253
COB································· 253
COC································· 253
COP································· 240
EMS································· 206
FD·································· 78
FMS································· 206
HCFC································ 171
HFC································· 171
HIVP管······························ 42
HTVP管······························ 42
JASS 18 M-109······················· 102
JIA A5027···························· 275
JIS A 5372··························· 44
JIS G 3448··························· 41
JIS G 3452····················· 39,222
JIS G 3454··························· 39
JIS G 3459··························· 41
JIS H 3300··························· 41
JIS K 5492：2003····················· 103
JIS K 5516：2003····················· 102
JIS K 5621：2008····················· 101
JIS K 5629：2002····················· 102
JIS K 5633：2002····················· 101
JIS K 5674：2008 1種··················· 102
JIS K 6741··························· 42
JIS K 6741 6769······················ 43
JIS K 6778··························· 44
JWWA K 132························· 222
JWWA K 136························· 222
Nシール······························ 70
ON/OFF動作··························· 183
PB·································· 226
PE·································· 226

309

PID制御·································· 184

RC造··································· 25

S造···································· 27

Sch ··································· 39

SFD ··································· 78

SGP ··································· 39

SGPW ······················ 221,222

SRC造·································· 28

STPG ·································· 39

STPG370 ······························ 39

STPG410 ······························ 39

VAV ·································· 193

VAVコントローラ ···················· 194

VD ··································· 78

VP管 ························· 25,42,226

VU管 ······················· 25,42

XPE ································· 226

数字

2ハンドル式······························ 282

監修・執筆者

●監修

西川　豊宏（工学院大学　建築学部 まちづくり学科 教授）

原　英嗣（国士舘大学　理工学部 建築学系 工学研究科 教授）

●執筆

持田　正憲（株式会社日総建）　　　　　執筆：第１章、第５章

蔦田　成二（株式会社ユニ設備設計）　　執筆：第２章、第13章

渡辺　忍（株式会社設備計画）　　　　　執筆：第３章、第４章

村澤　達（東洋熱工業株式会社）　　　　執筆：第６章

堀　一仁（新菱冷熱工業株式会社）　　　執筆：第６章

冨田　仁（新菱冷熱工業株式会社）　　　執筆：第７章

藤平　三千男（アズビル株式会社）　　　執筆：第８章

青木　一義（株式会社西原衛生工業所）　執筆：第９章、第10章

内山　稔（斎久工業株式会社）　　　　　執筆：第11章

結城　晶博（TOTO株式会社）　　　　　執筆：第12章

（所属は執筆当時）

編集協力：株式会社エディトリアルハウス
イラスト：まえだ　たつひこ

図解入門
現場で役立つ管工事の基本と実際

発行日	2017年　9月15日	第1版第1刷
	2023年　7月14日	第1版第5刷

監　修　　原　英嗣／西川　豊宏

発行者　　斉藤　和邦
発行所　　株式会社　秀和システム
　　　　　〒135-0016
　　　　　東京都江東区東陽2-4-2　新宮ビル2F
　　　　　Tel 03-6264-3105（販売）Fax 03-6264-3094
印刷所　　三松堂印刷株式会社　　　　Printed in Japan

ISBN978-4-7980-5232-8 C3052

定価はカバーに表示してあります。
乱丁本・落丁本はお取りかえいたします。
本書に関するご質問については、ご質問の内容と住所、氏名、電話番号を明記のうえ、当社編集部宛FAXまたは書面にてお送りください。お電話によるご質問は受け付けておりませんのであらかじめご了承ください。